既存不適格建築物の[再生&コンバージョン]実務資料集

ビューローベリタスジャパン㈱ 建築認証事業本部監修

綜合ユニコム

Contents

既存不適格建築物の[再生&コンバージョン]実務資料集

第1編　国土交通省「法適合状況調査のためのガイドライン」のポイント

1.「法適合状況調査のためのガイドライン」とは …… 6
(1)ガイドライン策定の背景と目的　6
(2)ガイドライン調査の流れ　8
　①ガイドライン調査の準備
　②調査者による調査
　　図上調査／現地調査
　③ガイドライン調査報告書
　④その後の流れ
(3)ガイドライン調査のメリット　13

2. ガイドライン調査の事例 …… 16
(1)事務所ビルのケース　16
　①調査が必要となった理由
　②調査資料
　③不適合箇所等とその対応
　　(ア)屋外広告物
　　(イ)工作物
　　(ウ)排煙設備
　　(エ)非常用の照明装置
　　(オ)用途変更
　　(カ)構造について不整合箇所
　④調査期間
(2)工場のケース　20
　①調査が必要となった理由
　②調査資料
　③不適合箇所等とその対応
　　(ア)増床部分の存在
　　(イ)手すりの高さの不足
　　(ウ)防煙区画の未成立
　　(エ)延焼のおそれのある部分にかかる開口部
　　(オ)敷地内の付属建築物
　　(カ)高さが1.2mを超えるコンクリートブロック塀
　　(キ)増床部分の構造が構造図と不整合
　④調査期間
(3)その他　26

3. ガイドライン調査に関するQ&A …… 26
【ガイドラインで用いられる用語の定義】　32

第2編　建築物の「用途変更」に関する法規制のポイント

1.「用途変更」の手続き規定 …… 36
(1)「用途変更」とは　36
(2)「用途変更」の建築基準法上の取り扱い　36
(3)「用途変更」の建築確認の取り扱い　36
(4)「用途変更」の確認申請に必要な添付書類　38
　●「用途変更」のみの確認申請の場合
　●「用途変更」と「増築」の確認申請を同時に行なう場合
(5)検査済証の添付ができない場合　40
(6)「用途変更」の工事完了時の手続き　40
　●「用途変更」のみの確認申請の場合
　●「用途変更」と「増築」の確認申請を同時に行なう場合
(7)確認申請が不要な「類似の用途」　42
　●「用途変更」の申請が多い用途の判断基準

2.「用途変更」の確認申請の要否………44
(1) 非特殊建築物(事務所)→特殊建築物
　　(飲食店)への「用途変更」　44
(2) 特殊建築物(自動車修理工場)→非特殊建築物
　　(工場)への「用途変更」　44
(3) 特殊建築物(飲食店)→特殊建築物(物販店)
　　への「用途変更」　44
(4) 特殊建築物(物販店)→特殊建築物(遊技場・
　　飲食店)への「用途変更」　46
(5) 特殊建築物(体育館)→特殊建築物(集会場/
　　ボーリング場)への「用途変更」　46

3. 既存不適格建築物の「用途変更」……46
(1) 既存適格建築物と既存不適格建築物の
　　「用途変更」　46
(2) 既存不適格建築物とは　48
(3) 既存不適格建築物の準用規定　49
　　●各特定行政庁の建築基準法施行条例の取り扱い
(4) 遡及されない条項　52
　　●「用途変更」と構造規定
(5) 緩和される「類似の用途」
　　(法第87条第3項第二号)　53
(6) 用途規制の制限を受けない範囲の用途
　　(法第87条第3項第三号)　54
　　●用途地域の法改正の経緯

(7) 独立部分の緩和　56
　　＜事例＞昭和45年(1970年)に検査済証を取得した
　　鉄筋コンクリート造・地上3階建て建物の1階部分の
　　一部(物販店舗)を「用途変更」
(8) 独立部分の緩和──排煙設備の場合　58
　　＜事例＞昭和45年(1970年)に検査済証を取得した
　　鉄筋コンクリート造・地上3階建て建物の3階部分の
　　一部(物販店舗)を「用途変更」
(9) 部分適用　60

4. 建築基準関係規定の「用途変更」の
　　取り扱い ……………………………61
(1) 「用途変更」を行なう場合の消防法の適用　61
(2) 「用途変更」を行なう場合の
　　都市計画法の適用　62
(3) 「用途変更」を行なう場合の
　　バリアフリー法の適用　62
(4) 既存不適格建築物の「用途変更」を行なう場合の
　　バリアフリー法の適用　63
(5) 「用途変更」を行なう場合の
　　駐車場法の適用　64

第3編　建築物の「増改築等」に関する法規制のポイント

1. 既存建築物に対する制限の緩和 …… 68

2. 一定の範囲内の「増改築等」で条件を満たす場合 …… 69
(1) 政令で定める範囲内　69
(2) 構造耐力規定の政令で定める範囲内　73
　① 一体増築（政令第137条の2第一号イ）
　② 分離増改築（政令第137条の2第一号ロ）
　③ 増改築部分の延べ面積が2分の1以下
　　（政令第137条の2第二号）
　④ 増改築部分の延べ面積が20分の1かつ50㎡以下
　　（政令第137条の2第三号）
　● 既存不適格建築物の「増改築等」にかかる緩和措置（全体）
(3) 耐久性等関係規定とは　77

3. 別の建築物とみなす「増改築等」の場合 …… 80
(1) 政令で定める独立部分　80
(2) 構造規定を別の建築物として扱う　81
(3) 避難施設と非常用照明を別の建築物として扱う　83
(4) 排煙の規定を別の建築物として扱う　83

4. 「増改築等」をする部分以外は適用されない場合 …… 83

5. 規定ごとの部分適用 …… 85

6. 増築の際の注意点 …… 88
(1) 注意事項1
　――防火区画の緩和規定がない　88
(2) 注意事項2
　――建築物の高さについての緩和規定がない　89
(3) 注意事項3
　――構造規定　89
　● 昇降機の改正①
　　――エスカレーター脱落防止措置構造規定
　● 昇降機の改正②
　　――エレベーター落下防止構造規定
　● 特定天井の脱落防止措置

7. 既存不適格調書について …… 93

【用語解説】 ―― 96

第1編

国土交通省「法適合状況調査のためのガイドライン」のポイント

第1編
国土交通省「法適合状況調査のためのガイドライン」のポイント

1.「法適合状況調査のためのガイドライン」とは

(1) ガイドライン策定の背景と目的

　建築基準法第7条の規定により、建築主は工事完了後に特定行政庁（建築主事）または指定確認検査機関による完了検査を受け、「当該建築物及びその敷地が建築基準関連規定に適合している」（法第7条第5項）ことを証する検査済証の交付を受けなければならない。

　図表1をみると、検査受験率（当該年度における検査済証交付件数÷当該年度における確認件数）は平成24年（2012年）時点で特定行政庁および指定確認検査機関ともに90%程度になっている。しかし、指定確認検査機関の検査が開始された平成11年（1999年）年以前の検査受験率は4割にも満たなかった。つまり、平成10年（1998年）以前の建築物には検査を行なっていないものが多いと推測される。

　わが国においては、年々、既存建築物の「用途変更」や「増改築」など既存建築ストックの活用に関するニーズが高まっている。建築物の「用途変更」や「増改築」などを行なうときに問題になるのが、この検査済証である。建築物の「用途変更」や「増改築」などに伴う確認申請にあたっては、既存不適格建築物であるか違反建築物であるかの確認が必要であり、通常は検査済証によってこの確認がなされる。

　しかし、完成時に検査済証の交付を受けていない建築物については、建築当時の建築基準に照らして適切に工事がなされたか否かを判断するための調査を行なわざるをえなくなり、それには多大な時間および費用を要する。このため、検査済証を取得していない建築物の「用途変更」や「増改築」は実現が困難であった。

　また、国土交通省に設けられた「中古住宅の流通促進・活用に関する研究会」は、平成25年（2013年）6月にまとめた報告書において、「中古住宅の流通段階で、金融機関が融資の可否を判断するに当たり、検査済証が求められる場合が多いことから、検査済証のない中古住宅が、新築や増改築当時の建築基準関係規定に適合していたかどうかを民間機関等が証明する仕組みの創設を検討する」と指摘している。

　このように、国内において既存建築ストックの活用に関するニーズが高まりつつあることを受け、国土交通省は検査済証のない建築物の「用途変更」や「増改築」を円滑化して既存建築ストックの有効活用の推進を図るため、「検査済証のない建築物に係る指定確認検査機関を活用した建築基準法適合状況調査のためのガイドライン」（以下、「法適合状況調査のためのガイドライン」という）を平成26年（2014年）7月に策定・公表した。

　「法適合状況調査のためのガイドライン」は、検査済証のない建築物について、建築当時の法適合状況を調査するための方法（以下、ガイドライン調査という）を示したもので、木造戸建住宅のみならず、鉄筋コンクリート造や鉄骨造の建築物を含めすべての建築物が対象となっている。

　調査機関、つまりガイドライン調査を受託・実施する法人としては、『「検査済証のない建築

図表1　検査受験率の推移（単位：%）

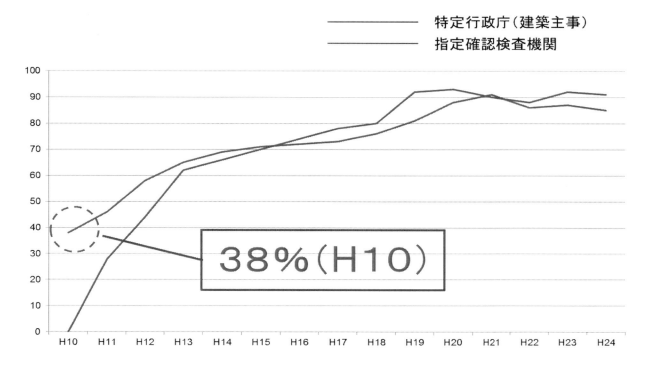

検査受験率：当該年度における検査済証交付件数÷当該年度における確認件数
※国土交通省『検査済証のない建築物に係る指定確認検査機関を活用した建築基準法適合状況調査のためのガイドライン』より作成

図表2　ガイドライン調査とは

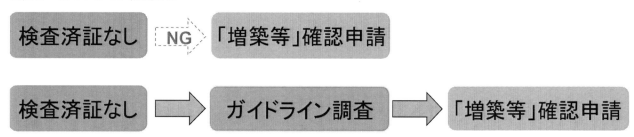

物に係る指定確認検査機関を活用した建築基準法適合状況調査のためのガイドライン」について』（平成26年7月2日付け国住指第1137号）に基づき、国土交通省に届出を行なった指定確認検査機関があげられ、調査機関は目視などにより現地調査できる範囲において責任を負う。

具体的な調査実務としては、新築にかかる「完了検査に関する指針」（＝目視、計測、動作確認）をベースに、指定確認検査機関が建築確認図書どおりの状態であることについて適合状況を調査する。特に鉄筋コンクリート造における構造関係規定など目視などで調査することが困難な事項については、耐震診断と同様の考え方でコンクリート強度の確認など必要に応じコア抜き調査などを実施する。

ガイドライン調査の報告書は検査済証とみなされるものではないが対象建築物の「用途変更」や「増改築」などに伴う確認申請にあたっては、既存不適格調書の資料として活用ができる。つまり、ガイドライン調査によって対象建築物が既存不適格建築物であって違反建築物ではないことが確認されれば、「用途変更」や「増改築」などの確認申請が可能となる（**図表2**）。

また、ガイドライン調査をとおして建築基準

図表3　ガイドライン調査の流れ

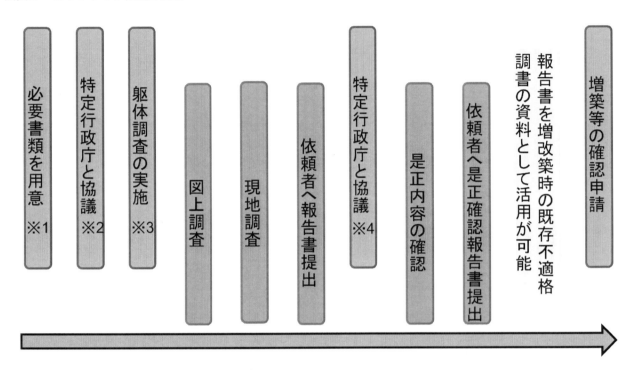

※1　必要資料は依頼者または依頼者代理人が用意
※2　調査項目などについて
※3　躯体調査項目、箇所数などについて特定行政庁と協議した結果に基づき調査者と打合せ後、調査実施
※4　不適合箇所などの対応について

法などに対する不適合箇所などが発見された場合は、調査依頼者が特定行政庁と協議を行ない、不適合箇所などについて是正・適法化することにより、「用途変更」や「増改築」などの確認申請を行なえる可能性が生まれる。

(2)ガイドライン調査の流れ

図表3は、ガイドライン調査の流れの概略を示したものであり、「法適合状況調査のためのガイドライン」では、「原則として依頼者が調査者に調査依頼の際に提出する依頼書や図書に基づき、調査者が法適合状況について図上調査をした後に、当該図書と現地の照合をすることで法適合状況を調査するものである」としている。

①ガイドライン調査の準備

ガイドライン調査では、依頼者または代理人による事前の準備がきわめて重要となる。

依頼者または代理人は、第1にガイドライン調査に必要な書類（図書）を用意しなければならない（図表4）。

ガイドライン調査に必要となる書類としては、まず、存在する限りの「確認済証関係」(a)があげられる。新築に限らず、計画変更・増築・用途変更などのときに交付された確認済証を準備する。完全ではないにせよ、それらが残っていれば、過去の申請手続きの履歴や建築面積・延床面積・高さの確認、既存不適格調査における基準時の推定などを行なうことができる。

図表4　ガイドライン調査に必要となる書類（図書）の例

(a)確認済証関係 （新築、計画変更、増築、用途変更等を含む）	・確認済証	過去の申請手続きの履歴、建築面積、延べ面積、高さの確認、既存不適格調査における基準時の推定等を行なう。確認済証の原本がない場合は、所管の行政庁が発行する建築確認申請台帳記載事項証明書
(b)確認申請添付図書	・意匠図	確認済証の添付図書。建築主事または指定確認検査機関の押印があるもの。図上調査および現地調査において図書と現地の整合を確認する基準となる
	・構造図	
	・設備図	
(c)定期調査・検査報告関係	・特殊建築物	法定点検における指摘事項の状況および是正状況の確認ができるもの
	・建築設備	
	・昇降機	
	・消防用設備等点検結果報告書	
(d)構造関係資料 （依頼者にて実施した躯体調査結果報告書等）	・構造関係資料	躯体調査結果報告書／材料試験成績書／超音波探傷検査結果／ミルシート／接合部トルク値測定結果／工事写真　等

＊必要資料は依頼者または依頼者代理人が用意する必要がある

　次に、意匠図・構造図・設備図などの「確認申請添付図書」（b）である。後述する図上調査および現地調査において、図書と現地・対象建築物の整合を確認する基準となる。
　(a)(b)を合わせて「建築確認申請図書」と呼ぶが、「建築確認申請図書」がない場合は、依頼者が建築士に依頼し、「復元図書」を作成する必要がある。
　さらに定期調査・検査報告関係（c）、構造関係資料（d）も必要となる。（c）は法第12条第1項および第3項の規定に基づく特殊建築物・建築設備・昇降機の定期調査・検査報告書や消防用設備等点検結果報告書などであり、法定点検における指摘事項の状況および是正状況の確認に用いられる。（d）には依頼者が実施した躯体調査結果報告書や材料試験成績書、超音波探傷検査結果、ミルシート（材料証明書）、接合部トルク値測定結果、工事写真などが含まれる。
　第2に、必要書類を用意したうえで依頼者は特定行政庁とガイドライン調査の調査項目などについて協議を行ない、躯体調査項目・箇所数などについて協議した結果に基づき調査者と打ち合わせをしたうえで第3の躯体調査を実施する。

②調査者による調査

図上調査

上記の必要書類の準備を受け、調査者は依頼者により提出された図書に基づき、調査対象建築物の建築時点の法適合状況について図面上で調査(図上調査)を行なう。

図上調査は、対象建築物が建築確認時の建築基準法令に照らして適切か否かを調査するものであるため、確認済証に添付された図書に基づく調査の場合は、その範囲において建築時点の建築基準法などに照らして適切であると判断できる。しかし、竣工図や現況図など確認済証に添付された図書など以外の図書に基づく調査の場合は、その内容について、建築時点の建築基準法などへの法適合状況を調査する必要が出てくる。

なお、調査の効率性の観点から、「法適合状況調査のためのガイドライン」では、まず現行の建築基準法などへの適合状況を調査し、現行の建築基準法などでは法適合状況を明らかにできない場合に、建築時点に遡って調査を行なうことが望ましいとされている。

また、調査者は、法第12条第5項の規定に基づく報告に関する資料、都市計画法に基づく開発許可に関する資料など、ガイドライン調査を実施するうえで必要となる提出図書についても内容を調査する。さらに、調査対象建築物に関する現場配筋写真やミルシートなど工事監理の状況がわかる資料が提出されている場合は、検査済証のない建築物の施工状況を把握するうえで有益な資料となるため、現地調査に向けて内容を把握しておく必要がある。

現地調査

次に調査者は、図上調査を行なった図書と現地の照合(現地調査)を行なう。

具体的な調査方法としては、建築物の配置・用途、階段手すりの設置状況、基礎・土台の沈下などの状況、避雷設備の設置状況、各部の劣化および損傷の状況などを目視によって、開口部の面積、階段・敷地内の通路の幅員、非常用進入口の間隔・幅・高さ、廊下・階段の幅員、構造部材の寸法などは計測によって、非常用の照明装置、防火戸、換気設備、排煙設備などの建築設備などについては実際に作動させた状況を確認すること(動作確認)によって照合を行なう、もしくは定期報告などの結果を確認する(**図表5**)。

いずれも「法適合状況調査のためのガイドライン」では通常の完了検査で求められる内容を参考にして実施することが想定されており、計測は寸法が定められている部分を鋼製巻尺など簡易なもので計測し、動作確認は「確認審査等に関する指針」(平成19年国土交通省告示第835号第3)および「確認審査等に関する指針に従って確認審査等を行ったことを証する書類の様式を定める件」(平成19年国土交通省告示第885号)において動作確認が求められる建築物の部分について行なうこととされている。

また、対象建築物がすでに使用されている状況であることから、現地調査では調査者の立入りが可能な場所において、歩行など通常の手段により移動できる範囲で行ない、調査不可能な箇所は、調査者がその箇所・理由について写真を付して報告書へ記載することとしている。

図表5　「現地調査」の方法と調査対象の主な例

現地調査の方法	調査対象の例
目視	・建築物の配置
	・建築物の用途
	・階段の手すりの設置の状況
	・基礎・土台の沈下などの状況
	・避雷設備の設置状況
	・各部の劣化および損傷の状況　等
計測	・開口部の面積
	・階段・敷地内の通路の幅員
	・非常用の進入口の間隔・幅・高さ
	・廊下・階段の幅員
	・構造部材の寸法　等
建築設備等の 作動の状況確認 （※）	・非常用の照明装置の作動の状況
	・防火戸の作動の状況
	・換気設備の作動の状況
	・排煙設備の作動の状況　等

※定期報告などの結果による確認も可能
出所：「検査済証のない建築物に係る指定確認検査機関を活用した建築基準法適合状況調査のためのガイドライン」（平成26年7月　国土交通省）

現地調査の一環として各部の劣化や損傷の状況などを目視で確認

もちろん、目視・計測・建築設備などの動作確認の方法では、躯体により隠蔽された部分やその内部の状況についての調査はむずかしい。

たとえば、鉄筋コンクリート造の建築物で法第20条（構造耐力）の調査を実施しようとすれば、壁内部の配筋の状況が正確にわからないこと、年代によって規定が異なること、劣化・中性化などが進行していることなどから調査は相当の困難が予想される。

「法適合状況調査のためのガイドライン」では、上記の調査を補うために、コンクリートのコア抜き調査などの破壊調査、電磁波レーダーなどを用いた鉄筋検査やファイバースコープカメラなどの非破壊調査が必要であれば、依頼者に実施してもらい、調査者がそれらの範囲で結果を整理することや、調査の目的から構造計算が必要な場合は依頼者に構造計算書を提出してもらい、調査者がその内容を調査するとしている。

また、現地調査では躯体の劣化状況についても調査を行ない、その状況がわかるように写真などにより記録することが求められる。法第12条第1項および第3項の規定に基づく定期調査・検査報告などの既存資料で劣化に関する情報が利用できる場合には、現地調査において活用するとともに、対象に応じて特殊建築物等調査資格者、昇降機検査資格者、建築設備検査資格者、建築設備士などを活用することも有効であるとしている。

このほか都市計画法など関係法令の申請図書などがある場合、調査者は必要に応じて当該申請図書と現地の照合も行なう。

③ガイドライン調査報告書

依頼者と調査者の双方が合意した調査方法に基づいて行なったガイドライン調査の結果をとりまとめ、依頼者に提出するのが「ガイドライン調査報告書」である。

図表6の例では、報告書には総合所見、遵法性調査結果・構造調査結果確認報告・建物劣化状況報告からなる調査結果、計画概要・依頼者・依頼者代理人・調査者・調査目的業務範囲を示した調査概要、建築概要・立地概要・接道条件からなる調査対象建築物の概要、そして調査に使用した資料を一覧にまとめた確認資料の5つの内容で構成されている。

なお**図表7、8**（14〜15頁参照）は、「法適合状況調査のためのガイドライン」に用意されているガイドライン調査報告書の雛形である。

調査者は現地調査の結果を調査範囲とともに報告書にとりまとめるわけだが、調査結果は関係する条文ごとに列挙し、それぞれの項目に関する個別の調査結果について、その適合状況（適合・既存不適格・不適合・不明の別など）を記載し、必要に応じ、その判断理由を記載するなどするとわかりやすいとしている。

調査の結果、図書どおりでない部分が明らかとなった場合には当該部分について詳細な調査を行なうことになる。たとえば、提出された図書にはない増築が発見された場合には、調査者は依頼者に対して、当該増築部分について現状に基づく復元図書の作成を依頼する。同様に、調査において主要構造部などの著しい劣化・損傷など重要な事象が見つかった場合は、調査者はその状況を報告書に記載することとなる。

図表6　ガイドライン調査報告書の内容の例

```
1 総合所見
2 調査結果
    2-1  遵法性調査結果
    2-2  構造調査結果確認報告
    2-3  建物劣化状況報告
3 調査概要
    3-1  計画概要
    3-2  依頼者
    3-3  依頼者代理人
    3-4  調査者
    3-5  調査目的業務範囲
4 調査対象建築物の概要
    4-1  建築概要
    4-2  立地概要
    4-3  接道条件
5 確認資料
    添付資料1  遵法性調査写真
    添付資料2  現況調査チェックリスト
```

④その後の流れ

依頼者はガイドライン調査報告書の提出を受け、不適合箇所などの対応について特定行政庁と協議に入る。これは、違反事実の確定や違反是正の指導などが特定行政庁の権限に属するためである。

特定行政庁の指導に基づき、依頼者が是正を行なった後、調査者は是正内容を確認し、依頼者へ是正確認報告書を提出する。

この是正確認報告書をもってガイドライン調査報告書は完全なものとなり、対象建築物の「用途変更」や「増改築」などに伴う確認申請にあたって、既存不適格調書の資料として活用が可能となる。こうして検査済証の交付を受けていない建築物も、「用途変更」や「増改築」などの確認申請が可能となる。

(3)**ガイドライン調査のメリット**

ガイドライン調査の最大のメリットは、従来は閉ざされていた検査済証の交付を受けていない建築物の「用途変更」や「増改築」などの確認申請への戸口が開かれ、当該建築物・不動産

図表7 ガイドライン調査報告書のサンプル①

別　紙　法適合状況調査報告書の雛形案

法適合状況調査報告書（サンプル）　　　平成　年　月　日

建物名称	○○○○ビル		
所在地	○○県○○市○○	【敷地面積】	㎡
建物用途	【申請時用途】	【現況用途】	
物件概要	【構造】○○○造　【階数】地上　階 地下　階　【延べ面積】　㎡　【高さ】　m		
依頼者	【氏名】 【住所】		
依頼者代理人	【資格】　　　（　　）建築士　（　　）登録第　　号 【氏名】 【建築士事務所登録】（　）建築士事務所（　）知事登録第　号 【建築士事務所名】 【所在】　　　　　　　　　　　【電話番号】　－　－		
調査機関	【会社名】 【所在】　　　　　　　　　　　【電話番号】　－　－ 【機関登録番号など】		
調査担当者	【氏名】　　　　　【資格】建築基準適合判定資格者　登録第　　号 【氏名】　　　　　【資格】		
調査資料	【建築確認関係の資料】 【復元図書など】 【定期報告など】 【その他の資料】		
現地調査日	年　月　日		
調査箇所・調査方法など			

建築確認申請などの手続き状況

確認申請手続き	【建築物】　確認済証　　　年　月　日　第　号 　　　　　　検査済証　なし・あり（　年　月　日　第　号） 【昇降機】　確認済証　　　年　月　日　第　号 　　　　　　検査済証　なし・あり（　年　月　日　第　号） 【工作物】　確認済証　　　年　月　日　第　号 　　　　　　検査済証　なし・あり（　年　月　日　第　号）
定期報告	【特殊建築物等定期調査報告書】　報告日　年　月　日 　　　　　　　　　　　　　　　　特記事項 【建築設備定期検査報告書】　　　報告日　年　月　日 　　　　　　　　　　　　　　　　特記事項 【昇降機等定期検査報告書】　　　報告日　年　月　日 　　　　　　　　　　　　　　　　特記事項 【消防設備等点検結果報告書】　　報告日　年　月　日 　　　　　　　　　　　　　　　　特記事項 【防火対象物定期点検結果報告書】報告日　年　月　日 　　　　　　　　　　　　　　　　特記事項
その他の手続き	

図表8　ガイドライン調査報告書のサンプル②

各規定への適合状況

調査項目（条項）		調査結果	法適合状況判断
法第21条		大規模の建築物の主要構造部 写真	備考
法第34条		昇降機 写真	備考
法第35条	令第5章第2節【令117～126条】	廊下、避難階段及び出入口 写真	備考
	令第5章第3節【令126条の2、3】	排煙設備 写真	備考
	令第5章第4節【令126条の4、5】	非常用の照明装置 写真	備考
	令第5章第5節【令126条の6、7】	非常用の進入口 写真	備考
	令第5章第6節【令127条～128の3】	敷地内の避難上及び消火上必要な通路等 写真	備考

の価値向上に向けた計画を推進できることにある。

　この不動産の価値向上を支える要素としては、まず、ガイドライン調査が国土交通省に届出を行なった指定確認検査機関が行なう調査であり、図上調査・現地調査は建築士または建築基準適合判定資格者が行ない、調査結果については建築基準適合判定資格者が確認するという「調査の信頼性」があげられる。加えて、ガイドライン調査は対象建築物や依頼者に利害関係のない第三者が行なう「客観的で公正な調査」である点もあげられるだろう。

　また、調査者として国土交通省に届出を行なった指定確認検査機関は、ガイドライン調査に必要となる書類や躯体調査項目の内容などについて、依頼者との事前打ち合わせなどによるサポート体制を整えており、こうしたサービスも不動産所有者の安心を支えている。

2．ガイドライン調査の事例

(1)事務所ビルのケース
①調査が必要となった理由
　1つめの事例は、平成に入ってから新築された事務所ビルのケースである。当該建築物は、鉄骨造・地上3階建て、延床面積900㎡、防火指定なしの物件で、新築時の確認済証はあるが検査済証はない状態だった。

　依頼者は社会環境の変化を踏まえ、当該建築物の1階部分を事務所から保育所に「用途変更」することを企図していたところ、

・新築時の検査済証がない
・施工記録などが残っていないため確認申請図書のとおりに施工がなされているか不明
・間仕切変更があったため確認申請図書と現状が異なっている

などの理由から法適合状況の確認ができず、「用途変更」や「増改築」に伴う確認申請が困難であったためガイドライン調査を必要とした（図表9）。

②調査資料
　依頼者より調査資料として次の書類の提出を受けた。

・確認通知書
・確認申請図書（意匠図・構造図・設備図）
・既存建物現況図（依頼者代理人作成）
・昇降機定期検査報告書
・消防用設備等点検結果報告書
・躯体調査計画書・躯体調査結果報告書（依頼者代理人作成）
・指摘事項是正報告書

　躯体調査の内容は、使用材料の確認、基礎形式・寸法および支持地盤の確認、部材断面寸法の確認、ボルト接合部の確認、配筋の確認などであった。

③不適合箇所等とその対応
　調査資料の提出を受けての図上調査、それに基づいた現地調査の結果、当該建築物は以下の不適合箇所などが判明した。

図表9　ガイドライン調査の事例／事務所ビル——調査が必要となった理由

■建物概要

建物構造・規模	鉄骨造・地上3階建て、延床面積900㎡／防火指定なし
用途	1〜3階すべて事務所として使用

■これまでの経緯

竣工年	内容	確認済証	検査済証
平成XX年	新築	あり	なし

■調査が必要となった理由
- 1階部分の用途を事務所から保育所に「用途変更」したいが新築時の検査済証がない
- 施工記録などが残っていないため確認申請図書のとおりに施工がなされているか不明
- 間仕切変更があり、確認申請図書と現状が異なっている
- 上記の理由により法適合状況確認できないため「増築」確認申請が困難

（ア）屋外広告物

現地調査により規定の面積を超える屋外広告物（屋上広告物、壁面看板、袖看板、ガラス面外部側の広告物）が確認されたが、屋外広告物条例に基づく手続きがなされていなかった（**図表10**）。

ガイドライン調査の結果を受け、このままでは屋外広告物条例に抵触するため、必要な許可申請を提出するとともに不要な広告物を撤去している。

（イ）工作物

現地調査により高さ4mを超える工作物（高さ5mの広告塔）が敷地内に確認されたが、工作物の確認申請手続きがなされていなかった（**図表11**）。

（ウ）排煙設備

（エ）非常用の照明装置

この2つは間仕切変更によって発生した不適合箇所である。もともとは1フロアに1居室だったが、その後間仕切りを設けて2つの居室に変更し、新たに廊下を設けるとともに同じフロアの倉庫を会議室に改修した。その結果、片方の居室が自然排煙の必要排煙面積を確保できておらず、居室間の廊下および会議室には非常用照明装置を欠くことになってしまった（**図表12**）。

ガイドライン調査の結果を受け、窓の大きさに合わせて自然排煙の必要排煙面積を確保できる広さに間仕切りを変更し、廊下および会議室には非常用の照明装置を設置した。

（オ）用途変更

3階の一部が事務所から100㎡を超える特殊建築物の用途に変更されているにもかかわらず、「用途変更」確認申請の手続きがなされてなく、

図表10　ガイドライン調査の事例／事務所ビル——現地調査の結果（ア）

不適合箇所	（ア）屋外広告物 現地調査により、規定の面積を超える屋外広告物が確認されたが、屋外広告物条例に基づく手続きがなされていない

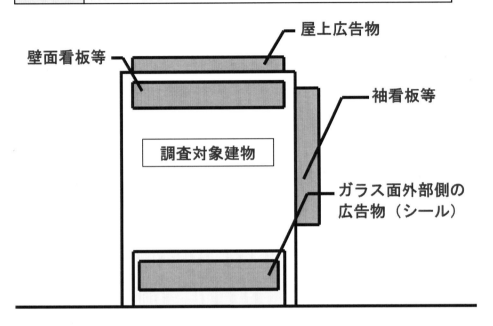

図表11　ガイドライン調査の事例／事務所ビル——現地調査の結果（イ）

不適合箇所	（イ）工作物 現地調査により、高さが4mを超える広告塔が敷地内に確認されたが、工作物の確認申請手続きがなされていない

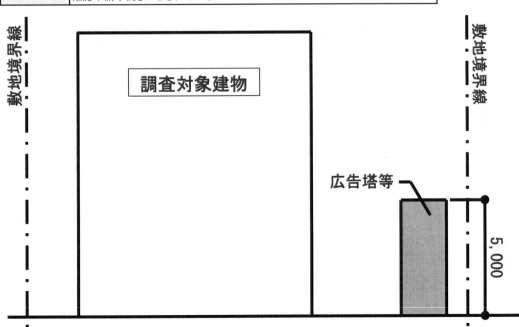

図表12　ガイドライン調査の事例／事務所ビル──現地調査の結果（ウ）（エ）

不適合箇所	(ウ)排煙設備
	間仕切り変更により自然排煙の必要排煙面積が確保できていない居室がある

不適合箇所	(エ)非常用の照明装置
	間仕切変更により非常用の照明装置のない居室、廊下がある

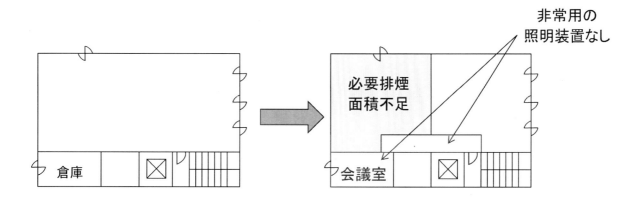

図表13　ガイドライン調査の事例／事務所ビル──現地調査の結果（オ）

不適合箇所	(オ)用途変更
	・3階の一部が事務所から100㎡を超える特殊建築物の用途に用途変更されているが、用途変更確認申請手続きがなされていない ・異種用途区画がなされていない

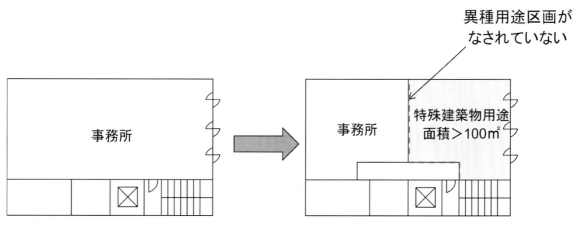

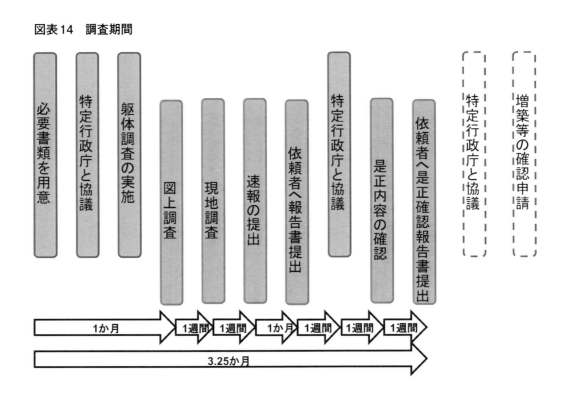

図表14　調査期間

異種用途区画もなされていなかった（**図表13**）。

ガイドライン調査の結果を受け、特殊建築物の用途だったところを元の状態に戻した。

(カ) 構造について不整合箇所

鉄筋の材質について構造図と引張試験成績書では記載が異なっていた。また基礎形式についても、構造図では布基礎となっていたが現況はべた基礎であった。

これらの点については、設計者が構造計算して再検討した結果、問題なしとなった。

④調査期間

依頼者が必要書類の用意をはじめてから調査者が図上調査に着手するまでに約1か月、図上調査に約1週間、現地調査着手から依頼者への調査速報提出まで約1週間、速報提出から報告書提出までは約1か月を要した。

依頼者はそこから約1週間で特定行政庁と協議し、その後約1週間で特定行政庁の指導に基づいた是正を行なった。調査者は約1週間で是正内容を確認し、依頼者へ是正確認報告書を提出している。必要書類の用意をはじめてから是正確認報告書提出まで約3.25か月の調査期間となった（**図表14**）。

なお、当該事例では是正内容が十分ではなかったため、現在依頼者はさらなる是正を行なっている途上である。

(2)工場のケース

①調査が必要となった理由

2つめの事例は、昭和のある時点で新築された

図表15　ガイドライン調査の事例／工場──調査が必要となった理由

■建物概要

建物構造・規模	鉄骨造・地上2階建て・延床面積5,000㎡／法第22条区域内に立地

■これまでの経緯

年	内容	確認済証	検査済証
昭和XX年	新築	あり	あり
昭和XX年	2階部分増築	あり	なし
平成XX年	1階部分増築	あり	なし

■調査が必要となった理由
・1階部分に増築をしたいが、前回（平成XX年）、前々回（昭和XX年）の増築時の検査済証がない
・施工記録などが残っていないため確認申請図書のとおりに施工がなされているか不明
・間仕切変更があり、確認申請図書と現状が異なっている
・上記の理由により、法適合状況確認できないため、増築確認申請が困難

工場で、昭和のうちに2階部分を増築し、さらに平成に入ってから1階部分を増築したものである。当該建築物は、鉄骨造・地上2階建て、延床面積5,000㎡の規模の法第22条区域内に立地する物件で、増築後に所有者が変わったこともあり、2回行なった増築時の検査済証はいずれもない状態だった。

依頼者は当該建築物の1階部分に増築することを企図していたが、
・前回および前々回の増築時の検査済証がない
・施工記録などが残っていないため確認申請図書のとおりに施工がなされているか不明
・間仕切変更があり、確認申請図書と現状が異なっている

という理由から法適合状況の確認ができず、「増改築」に伴う確認申請が困難であったため、ガイドライン調査が必要となった（**図表15**）。

②調査資料

依頼者より調査資料として次の書類の提出を受けた。

・新築時と2回の増築時の確認通知書
・新築時の検査済証
・新築時と2回の増築時の確認申請添付図書（意匠図・構造図・設備図）
・既存建物現況図（依頼者代理人作成）
・消防設備等完成検査結果通知書
・昇降機定期検査報告書
・消防用設備等点検結果報告書
・躯体調査計画書・躯体調査結果報告書（依頼者代理人作成）

図表16　ガイドライン調査の事例／工場——現地調査の結果（ア）

不適合箇所	（ア）増床部分の存在 中2階（ロッカー室）が築造されており、2階建てが一部3階建てとなっている
増床により 要する対応	・増築の確認申請手続き ・容積率の算定における延べ面積に算入する必要がある ・耐火建築物とする必要がある ・階段等を竪穴区画する必要がある

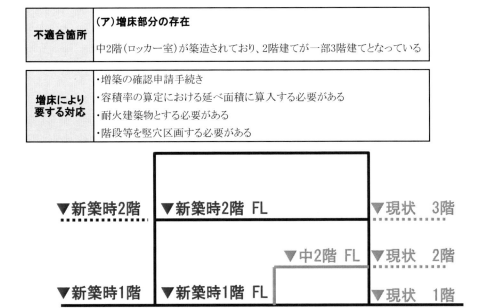

図表17　ガイドライン調査の事例／工場——現地調査の結果（イ）

不適合箇所	（イ）手すりの高さの不足 政令第126条第1項に規定される「バルコニーその他これらに類するもの」の周囲に設けるべき手すりの高さが規定の1.1mに満たない
不適合箇所 の 具体的内容	・階段踊り場の手すりについて、図面上は1.1mであるが現地は実測0.9m ・バルコニー等の手すりについて、足掛かりとなる部分があり、足掛かりとなる部分から手すり上端までの高さが1.1m未満 ・吹抜けに面する部分の手すりについて、高さが1.1m未満

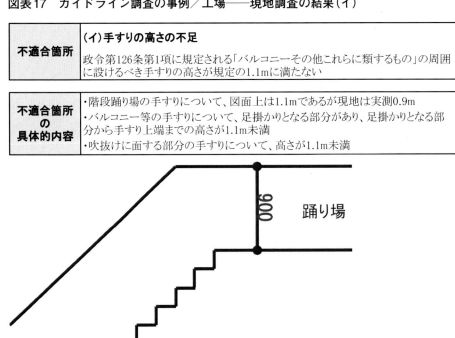

資料：『防火避難規定の解説 2012』（㈱ぎょうせい）による

図表18　ガイドライン調査の事例／工場──現地調査の結果（ウ）

不適合箇所	（ウ）防煙区画の未成立 新築当時成立していたと推察される防煙区画が、間仕切壁の変更などにより防煙区画として成立しない状態となっている
不適合箇所の 具体的内容	防煙区画の形状・規模の変更により、下記事例が確認された ・複数の区画が一体化し、一区画の面積が500㎡を超える ・独立した防煙区画が成立してしまい、排煙設備が備えられていない区画がある

　躯体調査の内容は、建物寸法の確認、階高の確認、基礎形式・寸法の確認、部材断面寸法の確認に加え、鉄骨造であることから、溶接継手部の確認、ボルト接合部の確認、ブレース位置の確認、スラブ厚・配筋の確認などである。

③不適合箇所等とその対応

　調査資料の提出を受けた図上調査、それに基づいた現地調査の結果、当該建築物は以下の不適合箇所などが判明した。

（ア）増床部分の存在

　過去の増築により中2階にロッカー室が築造されており、当該建築物が2階建てではなく、一部3階建てになっていることが判明した。このため、当該建築物は増床されているとみなされ、増築の確認申請手続き、容積率の算定における延床面積への算入、耐火建築物にすること、階段などを竪穴区画にすることなどの対応が必要となるが、いずれもなされていなかった（**図表16**）。

　このガイドライン調査の結果を受け、中2階を撤去して元の状態に戻した。

（イ）手すりの高さの不足

　政令第126条第1項では、「バルコニーその他これらに類するもの」の周囲に設けるべき手すりの高さの規定が1.1mとされている。しかし、図面上は高さ1.1mとなっている階段踊り場の手すりの高さが実測では0.9mしかないことが判明した。

　また、バルコニーなどの手すりに足掛かりとなる部分から手すり上端までの高さ、吹抜けに面する部分の手すりの高さがいずれも1.1m未満となっていた（**図表17**）。

　この不適合箇所については、手すりを付け足し、規定の1.1mを確保した。

（ウ）防煙区画の未成立

　防煙区画は、火災時に発生する煙が急激に室内に拡散することを防ぐために設けられるもので、防煙壁によって500㎡以下に区画された部分をいう。当該建築物では、新築当時は成立していたと推察される防煙区画が、その後の間仕切壁の変更などにより、防煙区画として成立しない状態になっていた。

　具体的には、複数の区画が一体化して1区画の面積が500㎡を超えている。排煙設備が備えられていない独立した防煙区画が成立してしまっている区画がある。（**図表18**）。

図表19　ガイドライン調査の事例／工場──現地調査の結果（エ）

不適合箇所	（エ）延焼のおそれのある部分にかかる開口部 延焼のおそれのある部分にかかる開口部が防火設備となっていない
不適合箇所の 具体的内容	隣地境界線、敷地内の他の建物間との中心線からの延焼のおそれのある部分にかかる開口部が防火設備となっていないことが確認された ・サッシが防火設備となっていない ・直径150φ以上の換気口にFD（防火ダンパー）が設置されていない

図表20　ガイドライン調査の事例／工場──現地調査の結果（オ）

不適合箇所	（オ）敷地内の付属建築物 現地調査により、敷地内に確認申請図書に記載のない建築物が確認された

　これらの不適合箇所については、500㎡を超える区画は500㎡以内に変更し、排煙設備のない区画は告示対応することとした。

（エ）延焼のおそれのある部分にかかる開口部
　隣地境界線や敷地内の他の建物間との中心線からの延焼のおそれのある部分にかかる開口部が防火設備になっていなかった。具体的には、サッシが防火設備となっておらず、直径150mm以上の換気口に防火ダンパー（FD）が未設置で

あった（**図表19**）。
　この不適合箇所については、防火設備となるよう開口部を変更した。

（オ）敷地内の付属建築物
　現地調査により、敷地内に確認申請図書に記載のない建築物（物置と駐輪場）が確認された（**図表20**）。
　この不適合箇所については、物置と駐輪場の上屋を撤去して対応した。

図表21　ガイドライン調査の事例／工場──現地調査の結果（カ）

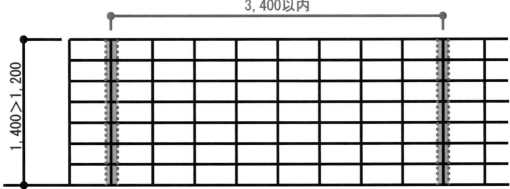

不適合箇所	（カ）高さが1.2mを超えるコンクリートブロック塀 現地調査により、高さが1.2mを超えるコンクリートブロック塀が敷地内に確認されたが、控壁が設けられていない

図表22　ガイドライン調査の事例／工場──現地調査の結果（キ）

不適合箇所	（キ）増床部分の構造が構造図と不整合 ・ボルト接合部において、ボルト本数が構造図と異なる ・鉄骨柱の部材断面（部材構成）が構造図と異なる ・構造図記載の壁ブレースが配置されていない ・壁ブレースの接合方法が構造図と異なる ・鉄骨小梁の部材断面が構造図と異なる ・床形式が構造図と異なる（構造図はデッキスラブだが、現況は木パネル）

（カ）高さが1.2mを超えるコンクリートブロック塀

現地調査により、敷地内に高さ1.4mのコンクリートブロック塀が確認された。本来、高さ1.2mを超えるコンクリートブロック塀には、3.4m以内の間隔で控壁を設けなければならないにもかかわらず、当該建築物には設けられていなかった（**図表21**）。

この不適合箇所については、コンクリートブロック塀の高さを1.2m以下にして対応した。

（キ）増床部分の構造が構造図と不整合

平成に入ってからの増築により、ボルト接合部のボルト本数、鉄骨柱の部材断面（部材構成）、壁ブレースの接合方法、鉄骨小梁の部材断面、床形式が構造図と異なっており、また構造図に記載された壁ブレースが配置されていないなどの不整合が確認された（**図表22**）。

④調査期間

先の事務所ビルの事例と同じく、依頼者が必

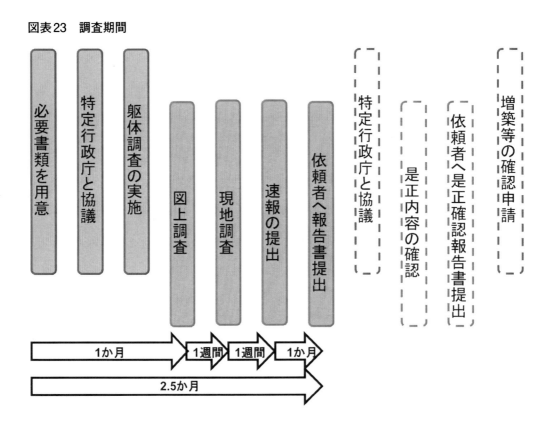

図表23　調査期間

要書類の用意をはじめてから調査者が図上調査に着手するまでに約1か月、図上調査に約1週間、現地調査着手から依頼者への調査速報提出まで約1週間、速報提出から報告書提出までは約1か月となり、必要書類の用意をはじめてから報告書提出までは約2.5か月を要した（**図表23**）。

　なお当該事例では、前項（キ）にみたように前回増築時の構造図と現況の不整合が確認されたことから、依頼者が増築時の所有者と協議を続けることとなり増築計画は一時中断となった。

(3) その他

　図表24は、ビューローベリタスジャパン㈱が手がけたガイドライン調査の一部を示したものである。各建築物の既存の用途では、工場、事務所ビル、飲食店ビル、戸建て住宅、共同住宅、学校が多くなってはいるが、全国からさまざまな構造・規模の建築物を対象としたガイドライン調査の問合せや引き合いがあり、ガイドライン調査のニーズの高まりを実感している。

3. ガイドライン調査に関するQ＆A

　ガイドライン調査について、ビューローベリタスジャパン㈱に対して依頼者から頻繁に寄せられる質問を**図表25**に示した。最もよく寄せられるのは、Q2～Q4に代表される「ガイドライン調査に必要となる書類」についての質問であ

図表24　ガイドライン調査の実例

用途	建物概要	新築時の確認申請年	延床面積（㎡）	調査目的	不適合箇所	調査結果後の対応
①診療所	鉄筋コンクリート造・地上2階建て	平成15年（2003年）	500	増築	あり	依頼者が特定行政庁と協議のうえ是正を行なうこととなった
②寺院（庫裡）	木造・地上2階建て	昭和58年（1983年）	600	本堂を増築	あり	依頼者が特定行政庁と協議のうえ是正を行なうこととなった
③戸建住宅	木造・地上2階建て	昭和61年（1986年）	150	増築（2世帯住宅に）	あり	依頼者が特定行政庁と協議のうえ是正を行なうこととなった
④工場	鉄骨造・地上2階建て	昭和55年（1980年）	15,000	増築	あり	依頼者が特定行政庁と協議のうえ是正を行なうこととなった
⑤事務所・飲食店	鉄筋コンクリート造	昭和48年（1973年）	2,000	用途変更	あり	依頼者が特定行政庁と協議のうえ是正を行なうこととなった

ガイドライン調査は検査済証のない建築物の「用途変更」や「増改築」などを円滑化し、既存建築ストックの有効活用の推進を図る

以下では、本編の記述と重なる部分もあるが、重要な点を抽出して解説する。

< Q2 >

確認済証がない場合、あるいは確認済証または役所発行の台帳記載事項証明書はあるものの図面が一切ない場合に調査が可能か否かについての質問である。

結論からいえば、確認済証および確認申請添付図書、つまり建築確認図書の全部または一部がない場合、依頼者が建築士に依頼してそれに相当する復元図書を作成し、これと躯体調査結果報告書があればガイドライン調査は可能となる。ただし、建築確認図書の欠損がはなはだしい場合、当該建築物の現況から完全な復元図書を作成することや当時の基準での構造計算をやり直すことにはかなりの困難が予想される。

< Q3 >

確認済証はあるものの、図面が契約図・竣工図・改修図・現況図など確認申請添付図書以外のものしかない場合や、確認申請添付図書が一部しかない場合に調査が可能か否かについての問いである。これも< Q2 >と同様に依頼者が確認申請添付図書に相当する復元図書を作成すればガイドライン調査は可能となる。

< Q4 >

構造計算書については、確認済証が交付されている場合、構造計算は確認審査で確認されていると考えられるため不要となり、確認申請添付図書の構造図があれば構造計算書は不要である。ただし、躯体調査の結果が構造図と不整合であったときには、適合性確認のために構造計算書の復元が必要となる場合がありうる。

< Q6 >

ガイドライン調査結果の効力についての質問も多い。「法適合状況調査のためのガイドライン」では、調査者は、依頼者に対して調査結果にかかる留意事項として、次の事項も明らかにしておく必要があるとしている。

・瑕疵の有無を判定するものではなく、瑕疵がないことを保証するものではないこと
・報告書の記載内容について、調査時点からの時間経過による変化がないことを保証するものではないこと

つまり、ガイドライン調査結果は調査した時点での第三者調査の結果という位置づけであり、先にもふれたが、検査済証に代わるものや法に対する適合性を証明するものではない。あくまで依頼者が既存不適格調書や法第12条第5項の報告書を作成するための資料として活用ができるものである。

また、特定行政庁や指定確認検査機関により、検査済証のない既存建築物に対して必要な調査内容についての見解が異なる場合があるため、ガイドライン調査結果報告書があれば特定行政庁や指定確認検査機関のどこに出しても「用途変更」や「増改築」などに伴う確認申請が可能となるとは限らないことにも注意が必要だ。

図表25 ビューローベリタスジャパン㈱に寄せられた依頼者からの主な質問と回答

	質　問	回　答
Q1	調査にはどのような資料が必要か。	・確認済証、または役所発行の台帳記載事項証明書 ・確認申請図書（意匠図、構造図、設備図、構造計算書）、もしくは確認申請図書相当の復元図書 ・特殊建築物等定期調査報告書、建築設備等定期検査報告書、昇降機設備定期検査報告書、消防用設備等点検結果報告書 ・依頼者が実施した、躯体調査結果報告書（コンクリート強度、配筋探査、鉄骨溶接部超音波探査、鉄骨ボルト接合部調査、部材断面寸法調査）
Q2	確認済証がない場合でも調査は可能か。確認済証、または役所発行の台帳記載事項証明書はあるが図面は一切なく、それでも調査は可能か。	確認申請図書相当の図書を復元し、躯体調査結果報告書があれば調査は可能。ただし、現状から完全な復元図書を作成することと、当時の基準での構造計算がきわめて困難であることが考えられる。
Q3	確認申請図書ではない図面（契約図、竣工図、改修図、現況図）があるが調査は可能か。また、確認申請図書の一部しかないが（平面図しかないなど）、調査は可能か。	依頼者が確認申請図書相当の復元図書を作成すれば調査は可能。
Q4	構造計算書がないが、構造計算書は必須書類か。	確認済証が交付されている場合は、構造計算は確認審査で確認されていると考えられるため不要。この場合、確認申請図書の構造図があれば、構造計算書はなくても構わないが、躯体調査の結果、構造図と不整合が生じた場合は、適合性確認のために構造計算書の復元が必要となる場合がある。
Q5	躯体調査はどのような調査が必要か。	まずは、建物所在地の特定行政庁の見解を確認する（検査済証がない場合の構造に関する調査項目が定められている場合がある）。特定行政庁との協議結果をもとに、指定確認検査機関と調査項目、箇所数について協議。コンクリート強度、配筋探査、鉄骨溶接部超音波探査、鉄骨ボルト接合部調査、部材断面寸法調査などが必要。

図表25　つづき

	質　問	回　答
Q6	ガイドライン調査結果は、検査済証に代わるものや建築基準法に対する適合性のお墨付きになるか。	検査済証に代わるもの、建築基準法に対する適合性のお墨付きにはならない。調査を行なった時点での第三者調査の結果という位置づけになる。 各行政や指定確認検査機関によって検査済証のない既存建物に対する必要な調査内容について見解が異なる場合があるため、ガイドライン調査結果報告書があれば、特定行政庁や指定確認検査機関のどこに出しても増築、用途変更、大規模修繕／改修の申請が可能になるとは限らない。 依頼者が、既存不適格調書や法第12条第5項の報告書を作成するための調査資料として活用することはできる。
Q7	調査の結果、適合証明書などが発行されるか。	「適合証明書」という形ではないが、調査結果が「建築基準法適合状況調査報告書」として提出される。
Q8	費用はいくらかかるか。	建物の規模、用途、棟数によって異なるが、図上調査＋現地調査＋報告書作成でおおむね40万〜50万円程度。
Q9	調査期間はどの程度か。	躯体調査結果報告書と確認申請図書（確認申請図書相当復元図）が同時に提出された場合、おおむね1か月程度だが、調査資料の整い状況や調査結果によってはさらに期間を要する場合がある。
Q10	ガイドライン調査申請書はあるか。	申請書はない。
Q11	ガイドライン調査依頼の手続きや流れはどのようになるか。	「事前相談／見積→注文書／注文請書取り交わし→資料開示→図上調査→現地調査→速報提出→報告書ドラフト提出→報告書ファイナル提出」の流れ。
Q12	ガイドライン調査の結果、不適合箇所や適合か不適合か判断ができない箇所があった場合の対応は。	ガイドラインにより、「違反事実の確定と違反是正の指導等は特定行政庁の権限である」と規定されており、不適合箇所や適合か不適合か判断ができない箇所が確認された場合、それらの事項の扱いについて、依頼者は特定行政庁と協議が必要となる。
Q13	不適合箇所や適合か不適合か判断ができない箇所を是正した場合、是正内容確認を調査者に依頼することはできるか。また、その場合、是正報告の書式などはあるか。	依頼することは可能だが、是正確認には別途費用が発生するケースが多いとみられる。依頼を受けた調査者は是正内容の確認を行ない、報告書を更新する。その際、特定行政庁との協議議事録、是正完了報告書を作成のうえで依頼するのが望ましい。 是正報告書の書式はない。依頼者は、指摘事項に対する是正内容がわかる形でとりまとめておきたい。

図表25　つづき

質問	回答
Q14　ガイドライン調査は、検査済証のない建築物を増築、用途変更、大規模修繕／改修の申請の場合、必ず必要か。	ガイドラインは調査するための方法を示すものであり、ガイドラインの使用は強制されるものではない。 建築士が特定行政庁や指定確認検査機関に相談し、既存建物の建築基準法に対する適合性を確認し、既存不適格調書の作成や、法第12条第5項の報告書の作成を行なうことを否定するものではない。
Q15　施工記録がある場合、躯体調査の一部を省略することは可能か。	施工記録（コンクリート強度試験結果、配筋検査記録、杭工事施工記録、鉄骨溶接部超音波探傷検査など）があり、施工状況が確認できる場合は、これらの調査を省略することは可能。

＜Q13＞

　これは、ガイドライン調査の結果として不適合箇所や適合／不適合の判断ができない箇所が確認された場合の対応についての質問である。

　ガイドラインでは「不適合事項などがあった場合の対応」として、「法適合状況調査の結果、法適合状況を確認できない、又は著しい劣化事象のあることが判明した場合、調査者はその内容を報告書に記載するとともに依頼者へ報告する。依頼者は、報告書の内容を踏まえて法令に適合するよう改修に努めるとともに、対応にあたっては特定行政庁へ相談する必要がある。(建築物の違反事実の確定、違反是正の指導等は特定行政庁の権限である。)」と明記している。

　ガイドライン調査は違反事実を確定するものではなく、違反事実の確定や違反是正の指導などは特定行政庁の権限であることを認識しておきたい。

＜Q15＞

　これは施工記録と躯体調査の関係についての質問である。

　ガイドラインには「調査の使用目的や依頼者が保有する既存図書の状況等によっては、依頼者は、調査対象建築物の鉄筋の配筋やコンクリートの状況を示すために、破壊調査や非破壊調査を実施した調査結果に関する資料を準備する」とあり、そのために躯体調査が必要となるわけだが、施工記録としてコンクリート強度試験結果、配筋検査記録、杭工事施工記録、鉄骨溶接部超音波探傷検査結果などが残っており、施工状況が確認できる場合は、これらに重なる躯体調査項目は省略することが可能となる。

【ガイドラインで用いられる用語の定義】

◆依頼者

建築物の所有者またはその承諾を得た建築物の購入予定者、これらの代理者で調査者に法適合状況調査を依頼する者。なお、代理者としては、依頼者に代わって図面などの調査資料を準備する建築士が含まれる。

◆ガイドライン

「検査済証のない建築物に係る指定確認検査機関を活用した建築基準法適合状況調査のためのガイドライン」を指す。本ガイドラインは、建築基準法の枠組みのなかで活用されることを前提として作成されたものである。

◆現地調査

調査者が依頼者より提出された図書と現地の照合を行なうこと。

◆図上調査

調査者が、依頼者より提出された図書に基づき、建築当時の建築基準法などへの適合状況などについて図面上の調査を行なうこと。

◆調査者

調査を実施する者。「増改築」や「用途変更」といった建築基準法の枠組みのなかで活用するために本調査を受託・実施する法人としては、『「検査済証のない建築物に係る指定確認検査機関を活用した建築基準法適合状況調査のためのガイドライン」について』(平成26年7月2日付け国住指第1137号)に基づき、届出を行なった指定確認検査機関があげられる。具体的な調査実務としては、図上調査や現地調査は建築士[※1]または建築基準適合判定資格者が実施し、その結果について建築基準適合判定資格者が法適合状況を確認する。

(※1) 一級建築士、二級建築士または木造建築士は、それぞれ建築士法(昭和25年法律第202号)第3条から第3条の3までに定める構造・規模の建築物についてのみ関与することとする。

◆報告書

調査者が本ガイドラインに基づく法適合状況調査を実施し、調査に用いた根拠資料などとともに、その結果をとりまとめたもの。

◆法適合状況調査

調査者が依頼者より提出された依頼書や図書に基づき、建築当時の建築基準関係規定の全部または一部[※2](以下「建築基準法等」という)への適合状況を調査すること。調査内容は、提出図書を用いて建築当時の建築基準法等への適合状況を調査する「図上調査」と、提出図書と現地を照合する「現地調査」に分類され、その結果について法適合状況を確認する。[※3]

なお、本調査では、確認済証を取得しているまたは取得したことが特定行政庁の台帳などにより確認できるもので検査済証のない建築物を主な対象とする。

(※2) 対象となる法令は建築基準法が基本となるが、法適合状況調査の使用目的に応じ、政令第9条に規定する建築基準関係規定の全部または一部、あるい

はその他関係法令を含めた調査をすることも想定される。

（※3）本ガイドラインは、検査済証のない建築物における法適合状況を調査するための方法を示すものであり、本ガイドラインの使用は強制されるものではない。したがって、たとえば増築時に、建築主（所有者）が建築士に依頼し、必要な図書などを用意したうえで特定行政庁（建築主事を含む）や指定確認検査機関に相談すること、あるいは確認申請を行なうことを否定するものではない。

第2編

建築物の「用途変更」に関する法規制のポイント

第2編
建築物の「用途変更」に関する法規制のポイント

1.「用途変更」の手続き規定

(1)「用途変更」とは

「用途変更」とは、建築物が適法にある用途に供された後において、他の用途に変更する場合をいう（建設省通達　昭和40年5月29日　住指発＜住宅局建築指導課長発出＞77号）。

たとえば、工事中に「事務所」として建築確認申請を行ない検査済証が交付された建築物があり、完成後には申請どおり事務所として利用されていた。しかし、その後に「飲食店」に変更するといった場合は「用途変更」にあたり、用途変更の確認申請が必要となる。

一方、建築確認申請時に「事務所」として申請していた建築物（新築）の用途を、工事期間中に「飲食店」に変更する場合の手続きは「計画変更」となる。この場合、計画変更の確認申請手続きを行ない、用途を変更して検査を受ける。「用途変更」にはあたらないため、完成した建築物は「飲食店」として検査済証が交付される。

つまり、工事が終わって適法にある用途に供された後に他の用途に変更する場合は「用途変更」となり、工事中に変更するのは「計画変更」になる（図表1）。

(2)「用途変更」の建築基準法上の取り扱い

「用途変更」は、建築基準法で定める「建築行為」にはあたらないため、法第6条第1項に規定されている建築確認の適用がなされない。そのため、「用途変更」については法第87条により準用規定を設けている。

法第87条の構成は図表2のとおり。第1項は建築確認の手続きについての準用規定であり、政令において建築確認の手続きを要しない「類似の用途」が示されている。第2項は既存適格建築物を「用途変更」する場合における準用規定であり、変更後の用途についても用途規制（法第48条等）がかかることを規定している。第3項は既存不適格建築物を「用途変更」する場合の準用規定であり、「増改築等」を伴いもともと遡及を受ける建物、政令で定める類似の用途間の「用途変更」では遡及されない。第4項は第3項の一部規定について遡及を必要としない緩和規定について定められている。

なお第2項、第3項にない規定については準用されないが、建築当時の基準に合致していることは前提となっている。

以下、各項について具体的にみていく。

(3)「用途変更」の建築確認の取り扱い

建築基準法では、建築を「建築物を新築し、増築し、改築（ほぼ同じ規模での建て直し）し、又は移転することをいう。」と定義している（法第2条第十三号）。法第6条第1項では、この建築と建物全体の過半になる大規模な模様替および大規模な修繕については確認申請が必要であるとしている。

前述のとおり、「用途変更」は法第6条第1項に規定されている建築確認の適用がなされないが、法第87条第1項の準用規定で、ある建築物の用途を変更して、法第6条第1項第一号の特殊建築物とする場合は、確認申請が必要であるとし

図表1　「用途変更」と「計画変更」

■ケース1　適法にある用途に供された後に用途を変更する場合は「用途変更」にあたる

■ケース2　工事中に用途を変更する場合は「用途変更」にはあたらない

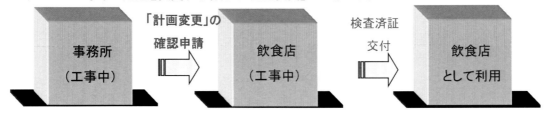

図表2　建築基準法第87条の構成

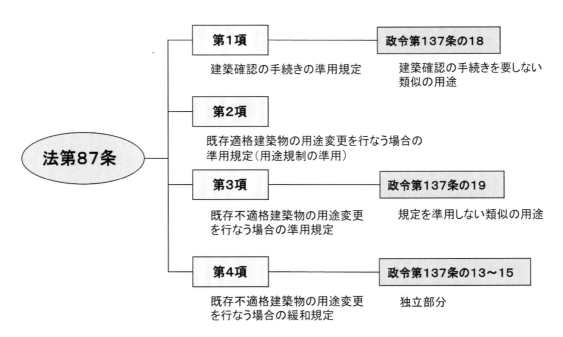

ている。ただ、政令第137条の8において、「政令で指定する類似の用途相互間」の用途変更に関して確認申請は不要である（**図表3**）。

法第6条第1項第一号の特殊建築物とは、法別表第一に掲げる用途の「特殊建築物」（**図表4**）で、その用途に供する部分の床面積が100㎡を超えるものとされる。床面積については、基本的には壁芯面積であり、飲食店などでバックヤードがないと店舗が成り立たないということであればバックヤードの面積も含まれることになる。

「用途変更」において法第87条第1項で準用される手続きに関する規定は**図表5**のとおりである。なお、平成27年（2015年）6月1日施行により法第6条の3が法第6条の4へと改正されている。

また、「用途変更」の確認申請では設計者の建築士の資格は不要である。建築士法第3条〜第3条の3で建築士でないと設計、監理できない建築行為が規定されているが、「用途変更」は対象とされていないためである。また、法第6条第3項で確認申請時の建築士関与に関する確認が定められているが、法第87条第1項では準用されていない。ただし、確認申請を行なうという代理行為は、建築士法第21条により、建築士でなければできないことになっている。建築士のほか代理者は行政書士でも可能だが、設計、監理において建築基準法への適合を確認する必要もあり、建築士の関与を要する場合があると思われる。

(4)「用途変更」の確認申請に必要な添付書類

確認申請時の添付書類は、「用途変更」のみの申請の場合と、「増築」を同時に行なう申請の場合とによって次のように異なる。

●「用途変更」のみの確認申請の場合
＜必須書類＞
・建築確認申請書（正本・副本）
・建築計画概要書（1部。行政庁に送られ公開）
・委任状（代理者に委任された場合）
・確認申請図面（正本・副本／意匠・設備等）
・既存建物の検査済証・確認済証の写し
・用途変更する部分の既存図面

そのほか必要に応じて添付を求められる書類がある。たとえば既存不適格調書がそれにあたる。そのほか構造規定は基本的に外れるが、変更する用途によっては荷重の計算が異なるため構造検討書の添付が求められる。また、古い建物については劣化していることが想定されるため、状況に応じ構造劣化調査書が必要となる。

なお建築工事届の添付は、建築工事および除去工事以外は不要とされている（法第15条第1項）。

●「用途変更」と「増築」の確認申請を同時に行なう場合
＜必須書類＞
・建築確認申請書（正本・副本）
・建築計画概要書（1部。行政庁に送られ公開）
・委任状（代理者に委任された場合）
・確認申請図面（正本・副本／意匠・設備・構造・構造計算書）
・既存建物の検査済証・確認済証の写し
・用途変更する部分の既存図面
・建築工事届

図表3　「用途変更」の建築確認の取り扱い

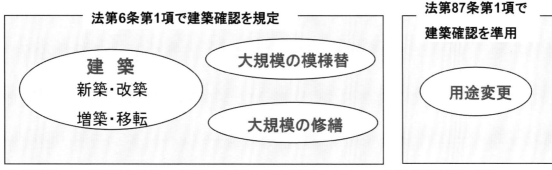

※「建築」……建築物を新築し、増築し、改築し、又は移転することをいう（法第2条第十三号）
※　類似の用途相互間の用途変更に関しては建築確認は不要

図表4　確認申請が必要となる用途（法別表第一）

号	用　途
(一)	劇場、映画館、演芸場、観覧場、公会堂、集会場
(二)	病院、診療所(※)、ホテル、旅館、下宿、共同住宅、寄宿舎、児童福祉施設等
(三)	学校、体育館、博物館、美術館、図書館、ボーリング場、スキー場、スケート場、水泳場、スポーツ練習場
(四)	百貨店、マーケット、展示場、キャバレー、カフェー、ナイトクラブ、バー、ダンスホール、遊技場、公衆浴場、待合、料理店、飲食店、物品販売業を営む店舗
(五)	倉庫
(六)	自動車車庫、自動車修理工場、映画スタジオ、テレビスタジオ

※患者の収容施設があるものに限る

図表5　法第87条第1項で準用される規定

準用規定	項　目
法第6条の一部	建築主事への確認申請手続き
法第6条の2の一部	指定確認検査機関への確認申請手続き
法第6条の4の一部	認定型式の建築材料の建築に関する確認申請の特例
法第7条第1項	完了届出
法第18条の一部	計画通知の手続き

※平成27年（2015年）6月1日施行により法第6条の3を法第6条の4に改正

「用途変更」のみの申請では建築工事届は不要だが、「増築」は建築行為にあたるため建築工事届が必要となる。ただし、防火指定がない地域で増築部分の面積が10㎡以内の場合は不要である。

また必要に応じて、既存不適格調書、構造検討書、構造劣化調査書などのほか、「用途変更」のみの申請では必要とされない構造図、構造計算書の添付が求められる。

(5) 検査済証の添付ができない場合

図表6は、検査済証がある場合・ない場合のフローを示したものである。

「検査済証」の添付、「確認済証」の添付、「確認申請図書」の添付があれば、問題なく確認申請は受理され手続きが進められる。

「検査済証」「確認済証」が建築主の手元に残っていないときは、これらを取得した経緯があれば、その記録が特定行政庁に残っている場合があり、「記載台帳証明」として交付を受けることができ、またこれらを添付することで済証を補填することができる。確認申請図書については、竣工図をもとに当時の設計内容を推察することもできるが、どこまで残っているか、法適合がとれているか確認のうえ、各申請先に相談する必要がある。

「検査済証」や「検査済証の記載台帳証明」がなく、完了検査を受検しているか不明の場合、建築当時の法適合性が担保するものがないことになる。そのため、特定行政庁とその対応方法については相談が必要である。この1つの対応方法として、国土交通省ガイドライン「検査済証のない建築物に係る指定確認検査機関を活用した建築基準法適合状況調査」（第1編参照）を行ない、「用途変更」の対象となっている既存建築物が確認図書の内容に即しているかを調べ、不適合部分を是正した後に手続きを進めることができる。特定行政庁では違反建築物を増やしたくないという意向を強くもっているので、ガイドラインに基づく不適合の是正などの作業にあたっては、特定行政庁と相談しながら進めていきたい。

「検査済証」「確認済証」の双方がない場合は書類上での法適合性も確認されていないため、確認申請受理がきわめて困難となる。現地調査に加え、再現した図面によって法適合性を示す必要が生じるためである。

(6)「用途変更」の工事完了時の手続き

「用途変更」の工事完了時には、確認申請の種別で以下のような手続きを行なう（**図表7**）。

●「用途変更」のみの確認申請の場合

・建築確認申請（建築主事または指定確認検査機関）
・工事完了時に建築主事へ「工事完了届」を提出

法第87条第1項で準用される規定として法第7条第1項の「完了検査」をあげているが（図表5）、そのただし書きに「検査を受けるのではなく、あくまで工事の完了届を出すと読み換えた上で準用する」とある。したがって、「用途変更」については「完了検査」はなく「検査済証」

第2編 建築物の「用途変更」に関する法規制のポイント

図表6　検査済証がある場合・ない場合のフロー

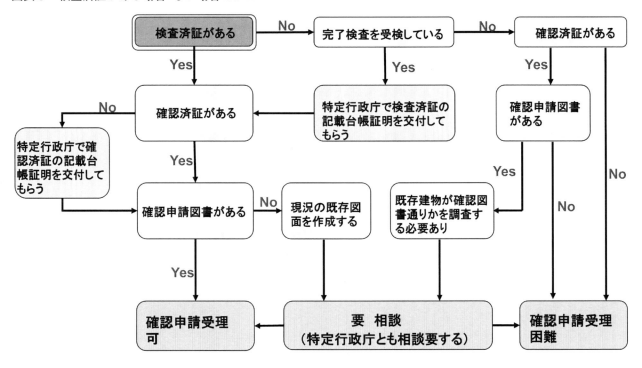

図表7　「用途変更」の工事完了時の手続き

■「用途変更」のみの確認申請の場合

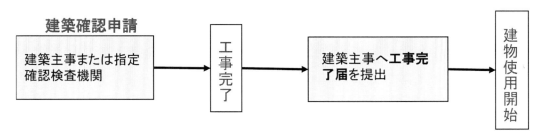

■「用途変更」と「増築」の確認申請を同時に行なう場合

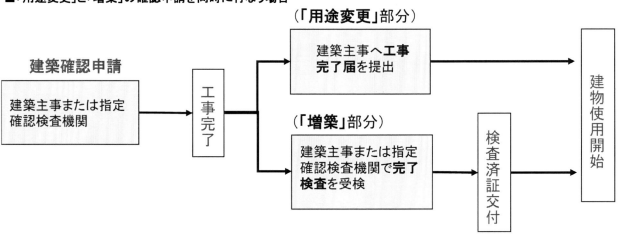

も交付されない。また法第7条の2が準用されないため、指定確認検査機関で確認済証を交付したものも完了届の提出先は建築主事となる。

「用途変更」の際に「過去に用途変更をした経緯があるが工事完了届を提出したか否かが不明」という事例も見受けられるので、今後は、「工事完了届」の提出を証明する書類の副本の写しなどの控えをとっておいたほうがよいだろう。

● 「用途変更」と「増築」の確認申請を同時に行なう場合
・建築確認申請（建築主事または指定確認検査機関）
・工事完了後
　ア）「用途変更」部分については、建築主事へ「工事完了届」を提出
　イ）「増築」部分については、建築主事または指定確認検査機関で完了検査を受検したうえで「検査済証」交付

このように、「用途変更」に「増築」が伴う場合には、手続きが「用途変更」のみの場合よりも煩雑になる。

確認申請においては「用途変更」と「増築」の申請を一本化できるが、その後は「用途変更」と「増築」とで手続きが異なる。「増築」の検査の際に用途変更部分の状況も確認したうえで「検査済証」が交付されるが、それとは別に建築主事にも用途変更部分の「工事完了届」を提出する必要があり、手続きのなかで忘れやすい事案ともいえるので注意しなければならない。

(7) 確認申請が不要な「類似の用途」

「類似の用途」とは用途規制が同じものを指し、**図表8**のとおり建築基準法政令第137条の18に定められている。それぞれ第一号から第十一号の同じ号に掲げられている他の用途への変更であれば「類似の用途」にあたり、確認申請の手続きは不要となるが適合させる必要がある。確認申請の手続きは不要だからといって違反をしてよいというわけではない。

たとえば、劇場（第一号）→映画館（第一号）、旅館（第四号）→ホテル（第四号）、博物館（第六号）→図書館（第六号）の「用途変更」は「類似の用途」にあたり確認申請はいらない。しかし、劇場（第一号）→集会場（第二号）、寄宿舎（第五号）→ホテル（第四号）など、当該各号以外の号への「用途変更」には確認申請が必要である。

また、第三号、第六号に掲げる用途に供する建築物が第一種低層住居専用地域もしくは第二種低層住居専用地域内にある場合、第七号に掲げる用途に供する建築物が第一種中高層住居専用地域、第二種中高層住居専用地域もしくは工業専用地域内にある場合については適用除外とされ、当該各号に掲げる他の用途への変更であっても確認申請が必要となる。

これらは同じ号のなかでも当該用途地域に建てられるもの、建てられないものが併存しているためである。

● 「用途変更」の申請が多い用途の判断基準
実際の用途判断は用途の名称を判断の基準にしたものではなく、建築基準法ではその使われ方によるものとされている。したがって、たと

図表8　確認申請が不要な「類似の用途」（政令第137条の18）

号	類似の用途	適用除外
一	劇場、映画館、演芸場	
二	公会堂、集会場	
三	診療所（患者の収容施設があるものに限る）、児童福祉施設等	第一種・第二種低層住居専用地域内にある場合を除く
四	ホテル、旅館	
五	下宿、寄宿舎	
六	博物館、美術館、図書館	第一種・第二種低層住居専用地域内にある場合を除く
七	体育館、ボーリング場、スケート場、水泳場、スキー場、ゴルフ練習場、バッティング練習場	第一種・第二種中高層住居専用地域または工業専用地域内にある場合は除く
八	百貨店、マーケット、その他の物品販売業を営む店舗	
九	キャバレー、カフェー、ナイトクラブ、バー	
十	待合、料理店	
十一	映画スタジオ、テレビスタジオ	

※各号内の用途相互間の用途変更は確認申請不要。ただし、確認申請が不要であっても法には適合させる必要がある

えば「ウイークリーマンション」や「会社の寮・保養所」は、旅館業法に適用される場合は「ホテル又は旅館」に該当し、旅館業法が適用されない場合は、実態に応じて「共同住宅」「寄宿舎」に該当する。

しかし、「用途変更」の申請が比較的多い用途で判断に苦慮するケースもある。「インターネットカフェ・まんが喫茶」がこれにあたり、飲食を主とする場合は「食堂又は純喫茶」あるいは「飲食店」に該当し、インターネットやマンガなどのサービス提供を主とする場合は「理髪店、美容院、クリーニング取次店、質屋、貸衣装屋、貸本屋その他これらに類するサービス業を営む店舗」に該当すると考えられるが、飲食店かサービス業かの判断がむずかしい。また、地域によっては「インターネットカフェ・まんが喫茶」の業態に特化した条例を定めているところもあるので確認が必要である。

2.「用途変更」の確認申請の要否

「用途変更」の確認申請の要否についてふれている条文については、従来さまざまな解釈がなされており、地域によって判断が変わる場合もあるので、特定行政庁の確認をとりながら進めることが重要である。

以下では、条件によって変わる「用途変更」の確認申請の要否について、いくつかのケースに分けて述べる。

(1) 非特殊建築物(事務所)→特殊建築物(飲食店)への「用途変更」

図表9のケースは、図中央の地上3階建て、各フロアの床面積が90㎡の事務所ビル（非特殊建築物）が現状の建物である。これを「1階90㎡部分を飲食店に用途変更する」場合（①）には、「用途変更」部分が100㎡未満の特殊建築物なので確認申請は不要となる。しかし、「1階と2階の2フロア・180㎡を用途変更する」場合（②）には、「用途変更」部分が100㎡を超えるため確認申請が必要となる（法第87条第1項　用途変更の建築確認の取り扱い参照）。

(2) 特殊建築物(自動車修理工場)→非特殊建築物(工場)への「用途変更」

図表10のケースは、図中央の1階が自動車修理工場、2階および3階が事務所の特殊建築物が現状の建物である。①は1階部分の自動車修理工場を工場として「用途変更」を行なう場合である。工場については建築基準法第2条で「特殊建築物」として類別されているが、ここで確認が必要なのは法別表第一（図表4）であり、ここでは自動車修理工場（第六号）はあるが、工場は記されていない。つまり、自動車修理工場以外の工場は法別表第一の特殊建築物には指定されていないため確認申請が不要となる。

一方、②は1階と2階の2フロアを工場に「用途変更」するケースである。ここでは対象となる床面積が180㎡で100㎡を超えているが、上記のように、法別表第一において工場は特殊建築物ではないため100㎡を超えても確認申請の必要はない。

ただし、確認申請は不要でも用途規制に法適合させることが必要である。工場は規模、作業内容、危険物の有無などが業態によって多種多様であり、用途も多岐にわたる規制がかけられているので、立地可能な内容か確認が必要である。

(3) 特殊建築物(飲食店)→特殊建築物(物販店)への「用途変更」

図表11のケースは前記2つの事例に比べてやや複雑である。

3フロア（各90㎡）すべてに飲食店が入る建物について、①では1階90㎡を物販店に「用途変更」するため確認申請は原則不要と考えられる。しかし、法第6条第1項第一号は特殊建築物用途に供する面積が100㎡の建築物としているため、既存の他の用途の特殊建築物用途も含めて100㎡を超える場合は「用途変更」が必要との解釈もある。この点は、平成28年（2016年）3月31日に「用途変更の円滑化について（技術的助

第2編 建築物の「用途変更」に関する法規制のポイント

図表9　非特殊建築物（事務所）→特殊建築物（飲食店）への「用途変更」

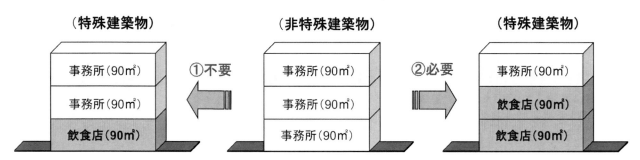

図表10　特殊建築物（自動車修理工場）→非特殊建築物（工場）への「用途変更」

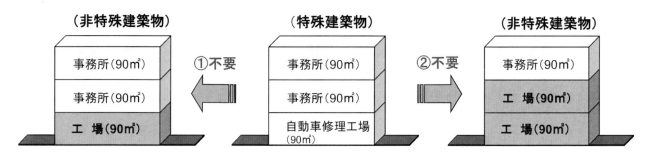

図表11　特殊建築物（飲食店）→特殊建築物（物販店）への「用途変更」

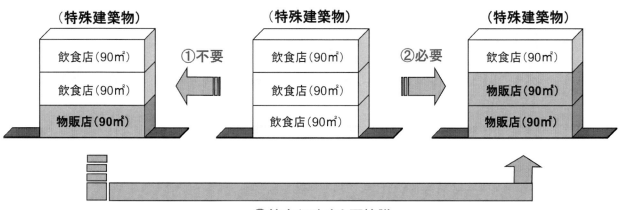

言）」（国住指4718号）によって、「用途変更」部分の面積が100㎡を超える場合は「用途変更」が必要という国土交通省の考え方が示されたが、当面の間は特定行政庁に確認をしたほうがよいだろう。

②は明確な例で、1階および2階の飲食店を物販店に「用途変更」する場合で、変更する面積だけで100㎡を超え、かつ「類似の用途」ではないため確認申請が必要となる。

③は1階の飲食店を物販店に「用途変更」して営業を行なった後に、さらに2階を「用途変更」して物販店が2フロア、180㎡になった場合である。2回目の「用途変更」は90㎡で100㎡以下だが、前回の変更部分90㎡と合わせると100㎡を超える。この扱いも前述の技術的助言でふれられている。たとえば、区分所有建築物で別々の区分所有者によるものの場合は、特定行政庁が地域の実情に応じ必要と判断した場合に限り、その手続きを要するとしている。また同一のものが繰り返し行なう場合は、手続き逃れに留意することと技術的助言で述べているため、原則必要と考えたほうがよいだろう。①、②のいずれも技術的助言が発出されたばかりのため、当面は細かく特定行政庁と確認をしながら事例を重ねていく必要がある。

(4) 特殊建築物(物販店)→特殊建築物(遊技場・飲食店)への「用途変更」

図表12ではさらに複合的になった「用途変更」の事例をみる。

各フロア90㎡で全3フロアに物販店が入っていた建築物において、①は1階を遊技場、3階を飲食店に「用途変更」しており、変更部分の面積の合計が100㎡を超えているので確認申請が必要となる。

②は1階のみ遊技場に「用途変更」したケースで、面積が100㎡以下なので確認申請は不要である。ただしこれも、図表11の①と同様に申請を必要とするケースもあるので特定行政庁の確認が必要である。

③は過去に1階を物販店から遊技場に「用途変更」した経緯があり、さらに3階の物販店を飲食店に「用途変更」したケースである。図表11の③と同様に状況に応じ判断が変わるケースなので、特定行政庁と十分に協議をする必要がある。

(5) 特殊建築物(体育館)→特殊建築物(集会場／ボーリング場)への「用途変更」

図表13は「類似の用途」であるか否かで手続きが変わるケースである。

①では1フロア1,000㎡×3層の体育館の1階を集会場に「用途変更」した場合であり、「類似の用途」ではないので確認申請が必要となる。

②は同じ規模の体育館の1階をボーリング場に「用途変更」した場合であり、これは特殊建築物で100㎡を超えるが「類似の用途」なので確認申請は不要となる（図表8の第七号参照）。

3. 既存不適格建築物の「用途変更」

(1) 既存適格建築物と既存不適格建築物の「用途変更」

基準法の条文は「〜は〜としなければならな

図表12　特殊建築物(物販店)→特殊建築物(遊技場・飲食店)への「用途変更」

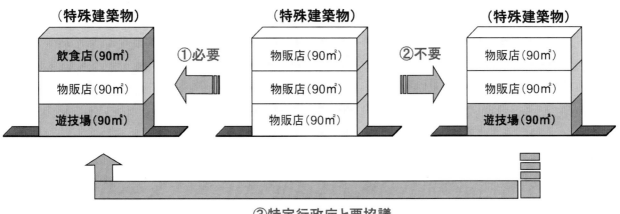

図表13　特殊建築物(体育館)→特殊建築物(集会場／ボーリング場)への「用途変更」

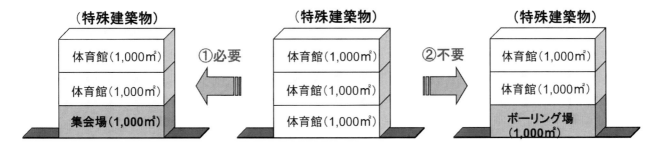

事務所ビルから宿泊施設への「用途変更」には確認申請が必要

い。」と書かれているが、用途を規制している法第48条の条文を見てみると「〜用途地域に〜は建築してはならない。」となっている。法第48条以外は法第8条の適法状態の維持保全によって「用途変更」を行なっても引き続き規制されるが、「用途変更」は建築行為にあたらないため、建築行為を禁止している条文がそのままでは適用できず、適法に建てられた建築物も「用途変更」によって建築できない用途に変更され、秩序が保てなくなる可能性も出てくる。

このため法第87条第2項において、現行法適合建築物も「用途変更」する場合について、「用途変更」部分はすべて現行法令に適合させるため「〜建築してはならない。」と規定されている条文を準用している（**図表14**）。

一方、既存不適格部分を有する建築物（既存不適格建築物）を「用途変更」する場合については、「用途変更」部分および変更部分以外の既存不適格部分を法第87条第3項の準用規定に適合（現行法規適合に遡及）させなければならないとしている。もちろん既存適格部分は法第8条により現行法令適合を維持する必要がある。

(2)既存不適格建築物とは

「既存不適格建築物」とは、その建築物を建てた当時の建築基準関係規定には適合していたが、建築基準法や条例などの改正、または都市計画上の指定が変わるケースなどにより適合しなくなった部分を有する建築物を指す。厳密にいえば、建物着手後に法律や条例が変わり、建築基準関係規定には適合しなくなった場合を「既存不適格建築物」といい、法改正などの時期が着工日以降のものが該当する。

つまり「既存不適格建築物」は建築当時には適法だったわけである。着工前からすでに法令などに適合していない違法建築物は「既存不適格建築物」とはいわないが、混同されるケースが多いので注意したい。このような「既存不適格建築物」に対して建築基準法では、新しい建築基準関係規定に適合しなくなった部分につい

図表14　既存適格建築物と既存不適格建築物の「用途変更」

（法第87条第2項）

| 現行法令 適合建築物を用途変更する場合 | | 用途変更部分はすべて現行法令に適合させる

用途変更以外の部分は現行法令適合を維持（法第8条） |

（法第87条第3項）

| 既存不適格部分を有する建築物を用途変更する場合 | | 用途変更部分および変更以外の既存不適格部分を法第87条第3項の準用規定に適合させる。

用途変更部分および変更部分以外の既存適格部分は現行法令適合を維持（法第8条） |

ては、そのまま使用を続ける場合に限り存続可として新しい既定の適用はしないとしている（法第3条第2項）。

しかしながら、「既存不適格建築物」に建築行為（増築、大規模修繕、模様替等）が起こった時点で、原則として現行法に適合させなければならない。また「用途変更」を行なう場合は準用規定を適合させる必要がある。ただし「増築等」の場合は、法第86条の7で緩和規定が設けられており、「用途変更」については法第87条第3項および第4項で緩和規定が設けられている（図表15）。

(3)既存不適格建築物の準用規定

既存不適格建築物の準用規定は法第87条第3項に示されており、以下の各号のいずれかに該当する場合を除き、図表16の規定を準用しなければならない。つまり、図表16中の各条項が既存不適格であっても、次の第一号～第三号の各号に該当しない場合は遡及が必要となる。

【第一号】増築、改築、大規模の修繕又は大規模の模様替をする場合

【第二号】当該用途の変更が政令で指定する類似の用途相互間におけるものであつて、かつ、建築物の修繕若しくは模様替をしない場合又はその修繕若しくは模様替が大規模でない場合

【第三号】第48条第1項から第13項までの規定（用途規制が不適格な用途変更）に関しては、用途の変更が政令で定める範囲内である場合

第一号では、「増築等」の建築行為は法第3条第3項により現行法令に適合させなければならないため準用の必要がなくなり、「用途変更」では適用しないということを示している。第二号と第三号は特定の用途間の「用途変更」において遡及されない場合を示している。法第48条とそれ以外で不要とする用途が異なるため注意が必要である。

図表15　既存不適格建築物とは

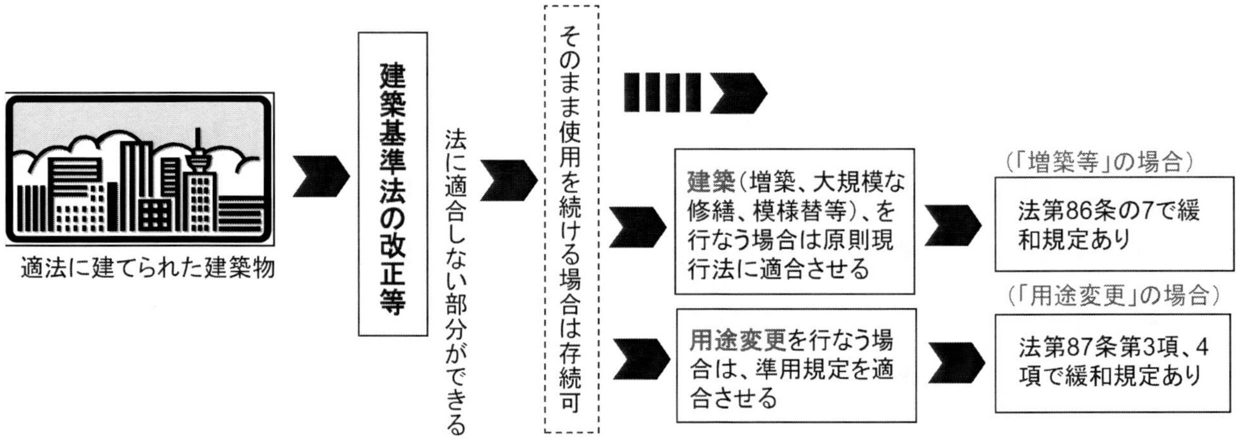

図表16　既存不適格建築物の準用規定（法第87条第3項）

準用規定		項　目
法第24条		木造の特殊建築物等の構造制限
法第27条		特殊建築物の構造制限
法第28条	第1項	居室の採光
	第3項	劇場等の換気設備、火気使用室の換気設備
法第29条		地階の住宅等の居室
法第30条		長屋又は共同住宅の各戸の界壁
法第35条		廊下、階段、避難施設、消火設備、排煙設備、非常用照明、非常用進入口、敷地内通路
法第35条の2		特殊建築物の内装制限
法第35条の3		無窓の居室の構造制限
法第36条		居室の採光面積、階段の構造、消火設備
法第48条	第1項～12項	用途地域
法第51条		卸売市場等の特殊建築物の位置
法第39条	第2項	災害危険区域内における住居の用に供する建築物の禁止
法第40条		地方公共団体の条例による制限の附加（敷地、構造、建築設備に関して）
法第43条	第2項	地方公共団体の条例による制限の附加（避難又は通行の安全について）
法第43条の2		地方公共団体の条例による制限の附加（4m未満の道路に接道する建築物について）
法第49条		特別用途地区内の制限の緩和

既存不適格建築物への建築行為は原則として現行法に適合させる必要がある

● 各特定行政庁の建築基準法施行条例の取り扱い

各特定行政庁が定める建築基準法施行条例も「用途変更」の準用対象となる。現行条例に適合していない部分を有する既存不適格建築物が「用途変更」を行なう場合、準用規定として注意が必要なのは法第40条、法第42条第2項である。これらの準用規定により、原則、遡及が必要となる。

法第40条は敷地・構造・建築設備に関する附加であり、法第43条第2項は避難や通行の安全性のため接道長さや接道する道の種類、規模について強化するものである。多くの地方公共団体では同じ条例のなかでこの2つの条文に基づく規定をまとめているが、根拠条文に違いがあるため参考までに両条文を記載しておく。

【法第40条(地方公共団体の条例による制限の附加)】

地方公共団体は、その地方の気候若しくは風土の特殊性又は特殊建築物の用途若しくは規模に因り、この章の規定又はこれに基く命令の規定のみによつては建築物の安全、防火又は衛生の目的を充分に達し難いと認める場合においては、条例で、建築物の敷地、構造又は建築設備に関して安全上、防火上又は衛生上必要な制限を附加することができる。

【法第43条第2項(敷地等と道路との関係)】

地方公共団体は、特殊建築物、階数が三以上である建築物、政令で定める窓その他の開口部を有しない居室を有する建築物又は延べ面積(同一敷地内に二以上の建築物がある場合においては、その延べ面積の合計。第四節、第七節及び別表第三において同じ。)が千平方メートルを超える建築物の敷地が接しなければならない道路の幅員、その敷地が道路に接する部分の長さその他その敷地又は建築物と道路との関係についてこれらの建築物の用途又は規模の特殊性により、前項の規定によつては避難又は通行の安全の目的を充分に達し難いと認める場合においては、条例で、必要な制限を付加することができる。

原則、遡及が必要と前述したが、各条例のなかで緩和規定が定められているケースもある。また条例は改正や新しい規制に変更されている場合もあり、ただし書きも含めて事前に確認が必要である。たとえば、東京都の建築安全条例はただし書きにも緩和規定についてふれられていないので、法文上条例における不適格についてはすべて遡及しなければならない。

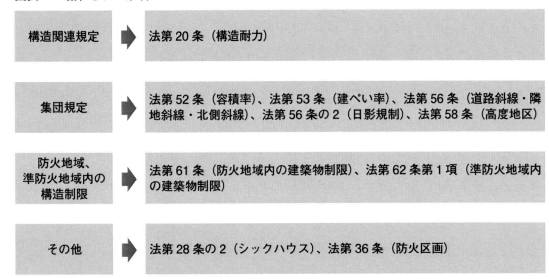

図表17　緩和される条項

※上記の規定は法第87条第3項で準用はされないため、既存不適格建築物であっても遡及の必要はない

(4)遡及されない条項

図表17は既存不適格建築物の「用途変更」で既存遡及されない条項をまとめたものである。構造関連規定（構造耐力）、集団規定関係（容積率、建ぺい率、道路斜線・隣地斜線・北側斜線、日影規制、高度地区）、防火地域・準防火地域内の構造制限（防火地域内の建築物制限、準防火地域内の建築物制限）、シックハウスなどについては法第87条第3項で準用されないため、既存不適格建築物であっても遡及の必要はない。あくまでも「用途変更」であり、建物の構造などを変更するものではないため遡及の対象から外れる。

ただし防火区画については、「用途変更」したことによって新たに発生する異種用途区画には現行法規が適用される。たとえば、既存不適格でエレベーターの扉に竪穴区画で必要とされる遮煙性能がない場合がある。建物全体を同一用途に変更する場合は遡及されないが、エレベーターを跨いで階ごとに用途が異なる場合は、エレベーター扉が異種用途区画となる場合がある。その際は、遮煙性能付きの扉への改修や遮煙スクリーンの増設が必要となる。

●「用途変更」と構造規定

確認済証・検査済証を受けている建築物を「用途変更」する場合は、法第20条の構造の安全性は適用（準用）されない。また、施行規則第1条の3において構造図や構造計画書の添付も不要とされている。これは、「用途変更」前の建築物は、新築時に構造上の安全性に関して十分に確認されたうえで建設され、その後も法第8条により適切に維持管理され適法状態にあるという想定に基づくものであり、「用途変更」という行為が構造躯体を変更するものではないためである。

ただしこれには、当該建築物が構造上安全である新築時の設定の範囲内で「用途変更」を行なわなければならないことから、「荷重条件が変わらない範囲内で」という条件がつく。構造設計上、用途によって積載荷重などが変わるケースでは、従前の構造が新しい用途に耐えられるものであったのかという当時の構造基準での確認が、場合によっては必要となる。

また、「用途変更」によって「床を一部抜く」「エレベーターを増設する」などの行為が出てくる可能性がある。その「用途変更」が建築時の基準に照らして安全なものであるか否かの確認も検討報告書の提出をもって行なう。

「用途変更」申請時において、構造規定に関わる添付書類などは**図表18**のとおりである。

図表18　「用途変更」申請時の添付書類等

■荷重条件が変更にならない場合
　建築時の計画に対して荷重条件が変わらないことの検討報告書を確認申請書に添付する

■荷重条件が変更（主として荷重増加）となる場合
　積載荷重等の設計条件が変わる場合は、当該建築物を建築した当時の法令によって再検討を行なう

■構造耐力上主要な柱、はり、耐力壁、床等を一部変更する場合
　検討報告書を確認申請書に添付する

図表19　法第87条第3項第二号（政令第137条の19第1項）

条項号	用　　途	分　類
一	劇場、映画館、演芸場、公会堂、集会場	別表第1(1)項
二	病院、診療所（患者の収容施設があるものに限る）、児童福祉施設等	別表第1(2)項
三	ホテル、旅館、下宿、共同住宅、寄宿舎	
四	博物館、美術館、図書館	別表第1(3)項
政令第137条の18 第八号	百貨店、マーケット、その他の物品販売業を営む店舗	別表第1(4)項
政令第137条の18 第九号	キャバレー、カフェー、ナイトクラブ、バー	
政令第137条の18 第十号	待合、料理店	
政令第137条の18 第十一号	映画スタジオ、テレビスタジオ	別表第1(6)項

※各号から当該各号の中の用途に変更する場合は準用しない（既存遡及は不要）

(5) 緩和される「類似の用途」（法第87条第3項第二号）

　42ページでは「類似の用途」で「用途変更」の手続きが不要となる場合について説明したが、ここでは既存不適格建築物において既存遡及が不要とされる「類似の用途」について述べる。これは先述した法第87条第3項第二号（政令第137条の19第1項）の「当該用途の変更が政令で指定する類似の用途相互間におけるものであつて、かつ、建築物の修繕若しくは模様替をしない場合又はその修繕若しくは模様替が大規模でない場合」にあたり、図表19の各号から当該各号のなかの用途の同じ枠内に変更する場合は準用しないとされ、既存遡及は不要となる。

　次ページの図表20は、「確認申請等が不要な類似の用途」と「既存不適格建築物で用途規制以外の規定が準用されない類似の用途」を比較したものである。たとえば、「用途変更」の手続き規定では「類似の用途」とされず、確認申請が必要とされた「劇場」→「集会場」、「診療所（患者の収容施設があるもの）」→「病院」、「ホテル」→「寄宿舎」は、類似の用途相互間の「用

図表20　「類似の用途」の比較

法	法第87条第1項	法第87条第3項第二号
政令	政令第137条の18	政令第137条の19　第1項
	確認申請等が不要な類似の用途	既存不適格建築物で用途規制以外の規定が準用されない類似の用途
別表第1(1)項	劇場、映画館、演芸場	劇場、映画館、演芸場、公会堂、集会場
別表第1(2)項	公会堂、集会場	
	診療所（患者の収容施設があるものに限る）、児童福祉施設等	診療所（患者の収容施設があるものに限る）、児童福祉施設等
	ホテル、旅館	ホテル、旅館、下宿、共同住宅
	下宿、寄宿舎	
別表第1(3)項	博物館、美術館、図書館	博物館、美術館、図書館
	体育館、ボーリング場、スケート場、水泳場、スキー場、ゴルフ練習場、バッティング練習場	
別表第1(4)項	百貨店、マーケット、その他の物品販売業を営む店舗	百貨店、マーケット、その他の物品販売業を営む店舗
	キャバレー、カフェー、ナイトクラブ、バー	キャバレー、カフェー、ナイトクラブ、バー
	待合、料理店	待合、料理店
別表第1(6)項	映画スタジオ、テレビスタジオ	映画スタジオ、テレビスタジオ

（例1）「劇場」→「集会場」は既存不適格部分の遡及は不要であるが、確認申請の手続きは必要
（例2）「体育館」→「ボーリング場」は確認申請が不要であるが、既存不適格建築物の場合、用途規制以外の緩和規定はない

途変更」とされ、緩和される「類似の用途」として既存遡及は不要となる。逆に「体育館」→「ボーリング場」という「用途変更」の場合は、確認申請の手続きは不要だが、規定が準用されない「類似の用途」にはなっておらず、用途規制以外の緩和規定はなく、既存遡及が必要となる。

(6) 用途規制の制限を受けない範囲の用途（法第87条第3項第三号）

法第87号第3項第三号では、用途不適格の建築物において、用途規制の制限を受けない範囲を定めている（**図表21**）。用途規制の表から用途を指定しており、一部の同一用途地域内で建設できないもの相互での変更に限り、用途不適格のまま「用途変更」をすることを認めている。ただし、下記2点の縛りを設けている。

・用途規制に適合しない「原動機の出力、機械の台数又は容器等の容量による場合においては、用途変更後のそれらの出力、台数又は容量の合計は、基準時におけるそれらの出力、台数又は容量の合計の一・二倍を超えないこと」
・用途規制に適合しない用途に供する建築物の部

図表21　用途規制の制限を受けない「類似の用途」

政令第137条の19第2項	別表第2		建物の用途	備考
イ	（に）項	第三号から第六号	ボーリング場、スケート場、水泳場、ホテル、旅館、自動車教習所、畜舎	第二種中高層住居専用地域内に建設不可の用途
ロ	（ほ）項	第二号もしくは第三号	マージャン屋、パチンコ屋、射的場、勝馬投票券発売所、場外馬券売場、カラオケボックス	第一種住居地域内に建設不可の用途
	（へ）項	第四号もしくは第五号	床面積が300㎡を超える自動車車庫、3階以上の部分にある自動車車庫、倉庫業を営む倉庫	第二種住居地域内に建設不可の用途
	（と）項	第三号	(1)から(16)までに掲げる事業を営む工場	準住居地域内に建設不可の用途
ハ	（ち）項	第二号もしくは第三号	床面積の合計が200㎡以上の劇場・映画館・演芸場・観覧場、並びにキャバレー、料理店、ナイトクラブ、ダンスホール	近隣商業地域内に建設不可の用途
	（り）項	第三号	(1)から(20)までに掲げる事業を営む工場	商業地域内に建設不可の用途
ニ	（ぬ）項	第一号	(1)から(31)までに掲げる事業を営む工場	準工業地域内に建設不可の用途
ホ	（る）項	第五号もしくは第六号	学校、病院	工業地域内に建設不可の用途
	（を）項	第二号から第六号	住宅、共同住宅、寄宿舎、下宿、老人ホーム、身体障害者ホーム、物販店舗、飲食店、図書館、博物館	工業専用地域内に建設不可の用途

分の床面積の合計は、「基準時におけるその部分の床面積の合計の一・二倍を超えないこと」

●**用途地域の法改正の経緯**

　昭和25年（1950年）の基準法制定時には「住居地域」「商業地域」「準工業地域」「工業地域」の4つの区分しかなかった用途地域が、昭和45年（1970年）6月の改正で住居・商業・工業の各地域が細かく分かれて8用途地域になり、平成5年（1993年）6月の改正ではさらに住居系が3区分から7区分に細かくなり12用途地域になった。

　用途規制については、基準法改正だけでなく該当地域の都市計画の変更によって用途地域の指定を変えること（工業系の用途が住居系に変

図表22　用途地域の法改正

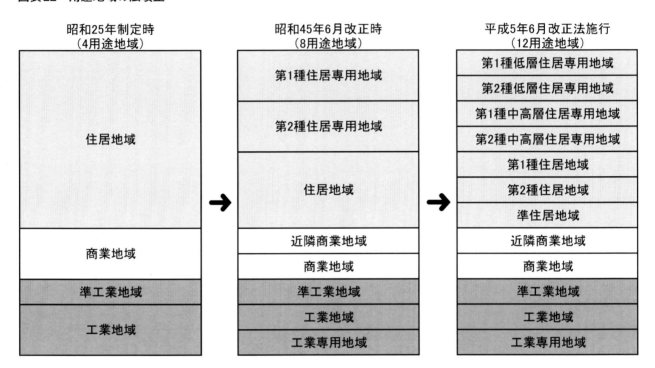

更されるなど）もあるため、「どの時点で不適格になったか」について所管行政庁に変更の履歴などの公開を求め、詳しく調査する必要がある（図表22）。

(7)独立部分の緩和

独立部分の緩和について、法第87条第4項に「法第86条の7第2項の読み替え」を示す条文がある。法第87条の7第2項で「増築等」をする場合の条文を「用途変更」時に読み替えたものである。非常にわかりにくいが、読み替えた文章を示すと次のとおりとなる。

【法第86条の7第2項の読み替え条文（法第87条第4項）】

第3条第2項の規定により第35条の規定の適用を受けない建築物であって、第35条に規定する基準の適用上一の建築物であっても別の建築物とみなすことができる部分として政令（※）で定める部分（以下この項において「独立部分」という。）が2以上あるものについて**用途変更**をする場合においては、**第87条第3項**の規定にかかわらず、当該**用途変更**をする独立部分以外の独立部分に対しては、これらの規定は適用しない。
（太字部分が読み替え部分）

（※）政令第137条の14第1項第二号　開口部のない耐火構造の床又は壁で区画されている場合における当該区画された部分

文章中にある法第35条は、廊下、階段、避難施設、消火設備、非常用照明、非常用侵入口、敷地内通路などのいわゆる「避難」に関わる規

図表23　既存不適格建築物の「用途変更」——独立部分の緩和①避難に関わる規定

準用規定	項目
法第35条	廊下、階段、避難施設、非常用照明

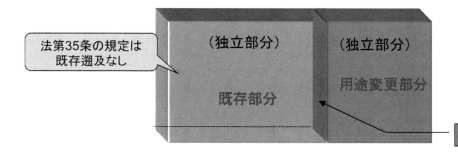

定である。

これらに関して現行法規に合わない既存不適格がある場合、「別の建築物とみなすことができる部分として政令で定める部分」については、それぞれ独立した2以上のものとして「用途変更」する以外の部分については遡及しないと定めている。

たとえば、開口部のない耐火構造の壁で仕切られた行き来のできない2つの独立部分を有する建物の片方の独立部分は用途を変えず、もう一方の独立部分を「用途変更」(「増改築等」)する場合、用途を変えない(増改築等をしない)既存部分は法第35条の規定により既存遡及を行なわなくてよいことになる(**図表23**)。

＜事例＞

昭和45年(1970年)に検査済証を取得した鉄筋コンクリート造・地上3階建て建物の1階部分の一部(物販店舗)を「用途変更」したケースであり、法第35条(排煙設備・非常用照明)が

遡及の必要な既存不適格項目である(**図表24**)。

[A]

1階に共同住宅のホールと物販店舗があり、それぞれ直接内部に入れる出入口が設けられているが、開口部のない耐火構造の壁に仕切られて行き来はできない。このような構造で物販店舗を飲食店に「用途変更」する場合、既存部分の共同住宅のホールは独立部分とみなされ遡及は不要となる。

[B]

1階に共同住宅のホールと2区画の物販店舗があり、それぞれ直接内部に入れる出入口が設けられている。共同住宅のホールと物販店舗1区画は開口部のない耐火構造の壁に仕切られているが、物販店舗同士は耐火構造ではない壁で区分けされ、行き来もできるようになっていた。このうち物販店舗1区画を飲食店に「用途変更」する場合、共同住宅のホールは独立部分とみなさ

図表24　独立部分の緩和の事例

昭和45年(1970年)に検査済証を取得したRC造・地上3階建て建物の1階部分の一部(物販店舗)を「用途変更」
既存不適格＝排煙設備・非常用照明(法第35条)

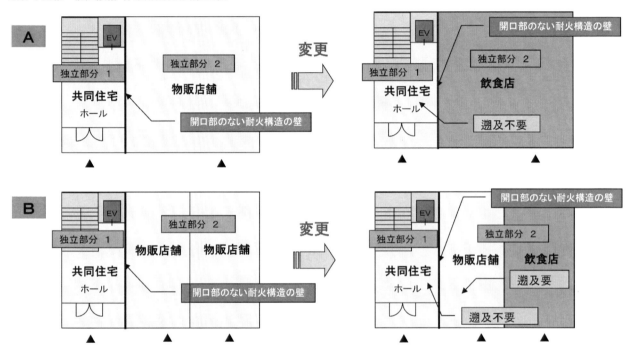

れ遡及は不要だが、用途を変えない物販店舗は独立部分とみなされず遡及が必要になる。

このように、場合によっては「用途変更」する部分以外についても遡及が必要になる可能性があるということに留意しておきたい。

(8) 独立部分の緩和──排煙設備の場合

前節で法第86条の7第2項の読み替え条文を掲載したが、排煙設備の場合には同じ条文でも独立部分に関する考え方が異なってくる。

政令第137条の14第1項第三号では、独立部分を「開口部のない準耐火構造の床又は壁、又は遮煙性能を有する防火設備で区画されている場合における当該区画された部分」と定めており、この部分に遮煙性能のある防火設備であれば扉を付けてもよいとしている。

「用途変更」部分には法第35条の規定(排煙設備)が適用されるが、それ以外の独立した既存部分に関しては独立部分の緩和として既存遡及は不要となる（**図表25**）。

＜事例＞

昭和45年（1970年）に検査済証を取得した鉄筋コンクリート造・地上3階建て建物の3階部分の一部（物販店舗）を「用途変更」したケースであり、法第35条（排煙設備）が既存不適格である（**図表26**）。

第2編 建築物の「用途変更」に関する法規制のポイント 59

図表25 既存不適格建築物の「用途変更」──独立部分の緩和②排煙設備に関わる規定

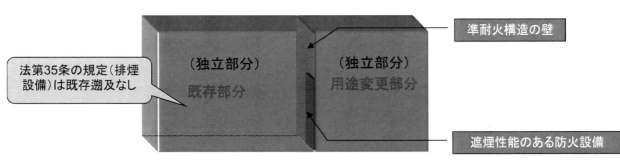

図表26 独立部分の緩和の事例

昭和45年（1970年）に検査済証を取得したRC造・地上3階建て建物の1階部分の一部（物販店舗）を「用途変更」
既存不適格＝排煙設備（法第35条）

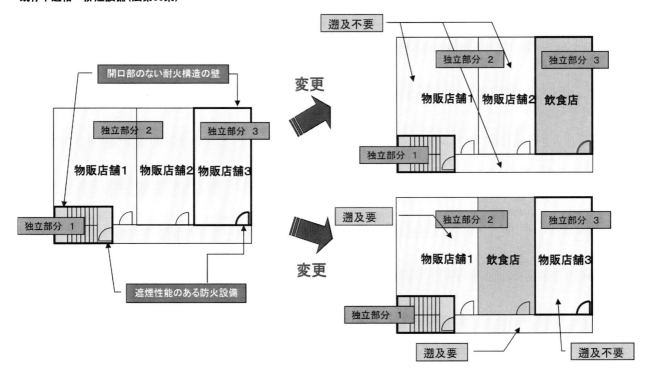

図表27　既存不適格建築物の「用途変更」——部分適用

準用規定		項　目
法第28条	第1項	居室の採光
	第3項	劇場等の換気設備、火気使用室の換気設備
法第29条		地階の住宅等の居室
法第30条		長屋又は共同住宅の各戸の界壁
法第35条の3		無窓の居室の構造制限
法第36条		

既存部分をみると、階段エリアと物販店舗3が開口部のない耐火構造の壁で囲われ、かつ遮煙性能のある防火扉を使っている。これによりこのフロアは物販店舗1・2および廊下が1つの空間としてみなされ、3つの独立部分で構成されていることになる。

独立部分とみなされている物販店舗3を飲食店に「用途変更」する場合（図表26右上）は、物販店舗1・2および廊下について遡及の必要はない。しかし、物販店舗2を「用途変更」する場合（同右下）は、独立部分とみなされていない物販店舗1および廊下について排煙設備の遡及が必要となる。

(9) 部分適用

部分適用については、法第87条第4項に「法第86条の7第3項の読み替え」を示す条文がある。準用規定は、法第28条第1項（居室の採光）および第3項（劇場等の換気設備、火気使用室の換気設備）、法第29条（地階の住宅等の居室）、法第30条（長屋又は共同住宅の各戸の界壁）、法第35条の3（無窓の居室の構造制限）、法第36条であり、読み替え条文は次のとおりである。

【法第86条の7第3項の読み替え条文（法第87条第4項）】

第3条第2項の規定により第28条第1項若しくは第3項、第29条、第30条、第35条の3又は第36

図表28　消防法第17条(消防用設備等の設置、維持)

■法第17条の2の5第四号により既存不適格建築物の場合

●**非特定防火対象物**は既存遡及適用なし（緩和あり、従前のまま）
●**特定防火対象物(下記のもの)**は既存遡及適用（緩和なし、現行法令適合）
　・百貨店、旅館、病院、地下街、複合用途防火対象物（別表第1(16)項イに掲げる防火対象物）
　・別表第1の(1項)劇場・映画館等、(2項)遊技場等、(3項)飲食店等、(4項)物販店舗等、(5項イ)ホテル、(6項)診療所・老人福祉施設等、(9項イ)公衆浴場、及び(16の3)に掲げる防火対象物

■法第17条の3第四号により

●**用途変更後に特定防火対象物となるもの**は既存遡及適用（緩和なし、現行法令適合）

※ただし、非特定防火対象物であっても下記の消防用設備は既存遡及適用される（政令第34条）
　・簡易消火用具、自動火災報知設備、漏電火災警報器
　・非常警報器具及び非常警報設備、誘導灯及び誘導標識
　・消火器及び避難器具等

条（居室の採光面積に係わる部分に限る）の規定の適用を受けない建築物について**用途変更**をする場合においては、**第87条第3項**の規定にかかわらず、当該**用途変更**をする部分以外の部分に対しては、これらの規定は適用しない。
（太字部分が読み替え部分）

　上記の条文には、独立部分に関する条件を抜きに、あくまで「用途変更」する部分にのみ遡及すればよいという記載がある。これは、たとえば住宅系なら居室の採光などについて、条件なしに「用途変更」分のみの遡及としてよいという考え方である（**図表27**）。

4．建築基準関係規定の「用途変更」の取り扱い

(1)「用途変更」を行なう場合の消防法の適用

　建築基準法と最も密接な関係にある消防法においては、第9条（火気使用に関する条例への委任）、第9条の2（住宅用防災機器の設置）、第15条（映写室の構造設備）、第17条（消防用設備等の設置、維持）が、法第6条第1項の政令で定める消防法の建築基準関係規定の条項となる。

　なかでも第17条の取り扱いが最も多く、消火設備や避難器具などに関して規定されている（**図表28**）。なお図表28では、非特定防火対象物には既存遡及の適用がないと示されているが、政令第34条によって、次の消防用設備については既存遡及が適用されるので注意が必要である。

・簡易消化用具、自動火災報知設備、漏電火災警報器
・非常警報器具及び非常警報設備、誘導灯及び誘導標識
・消火器及び避難器具等

図表29 建築基準関係規定(政令第9条)における都市計画法の関係規定条項

準用規定		項　目
法第29条	第1項、第2項	開発行為の許可
法第35条の2	第1項	開発行為の変更許可
法第41条	第2項	建築物の建ぺい率等の指定
法第42条		開発許可を受けた土地における建築等の制限
法第43条	第1項	開発許可を受けた土地以外の土地における建築等の制限
法第53条	第1項	都市計画施設等の区域内における建築の許可

　「用途変更」を行なう場合には消防法のほかに火災予防条例の適用もあり、そのいずれもで指導が厳しくなっていることから、細かい点は各消防署に確認しながら進めたほうがよい。

(2)「用途変更」を行なう場合の都市計画法の適用

　法第6条第1項の政令で定める建築基準関係規定（政令第9条）において、「用途変更」を行なう場合の都市計画法の関係規定条項は**図表29**のとおりである。

　都市計画法第29条の許可を受けた予定建築物、および第43号の許可を受けた建築物の用途を変更する場合は、変更後の用途の建築物が都市計画法上、適合しているか否かを確認する必要がある。

　開発許可を受けた土地以外の土地、たとえば市街化調整区域で開発許可を得て建築した建物だとすれば、申請時の用途に対して許可をしているため、「予定建築物」として用途が決められている。その用途以外の用途に変更する場合は、予定建築物以外の建築の許可が受けられるか、第29条の枠内でそれが可能かといった点について、都市計画担当に確認をしていく必要がある。

　そうした許可を受ける以外では、都市計画法施行規則第60条の「適合証明書」を添付して確認申請を行なうこともできる。これは一般に「60条証明」と呼ばれるもので、都市計画法の内容と合致していることを都市計画課が証明した場合に交付される文書である。都市計画担当への確認のみでは適法か否かの判断ができないような場合には、この「60条証明」を取得することで確認を行ない、手続きを進める。

(3)「用途変更」を行なう場合のバリアフリー法の適用

　地域ごとに定められている「バリアフリー条例」は、その地域によって規模などが異なるので、ここではバリアフリー法のみで条例がない

図表30　「用途変更」を行なう場合のバリアフリー法の対応

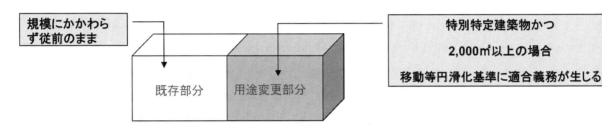

ケースとして述べる（**図表30**）。

「用途変更」を行ない、政令で定める規模以上（「用途変更」に係る床面積の合計が2,000㎡以上）の特別特定建築物にする場合は、「建築物移動等円滑化基準」に適合させなければならない。いわゆるバリアフリーの対策が必要となる（バリアフリー法第14条第1項）。

バリアフリー法では、既存の部分については原則としてバリアフリー対応の改修などを要求しないが、敷地内にトイレがある場合は1以上を身障者対応としなければならない。たとえば増築部分にトイレが設置されていない場合、既存部分のトイレをバリアフリー対応に変えて増築部の利用居室から経路を整備するといった形での対応を求められる。

同様に駐車場も、複数の駐車マスがあれば、1つは身障者対応にして経路をしっかりと確保する必要がある。

なお、建築基準法上、「用途変更」の確認手続きが不要の場合であっても、適合義務が生ずる。確認申請というのはあくまで1つの手続きに関する規定であり、それが適用されなくても「用途変更」するという事実があれば、バリアフリーも遡及の対象になるので注意が必要である。

(4) 既存不適格建築物の「用途変更」を行なう場合のバリアフリー法の適用

既存不適格建築物の「用途変更」を行なう場合、バリアフリー法にも「類似の用途」が存在する。バリアフリー法政令附則第4条第3項では、次のように定めている。

「この法律の施行の際現に存する特別特定建築物で、政令で指定する類似の用途相互間における用途の変更をするものについては、第14条第1項の規定は適用せず、なお従前の例による。」

すなわち、既存不適格の既存部分は規模にかかわらず従前のままでよく、また「用途変更」部分が既存部分の類似の用途の場合はバリアフリー法の適用はなされず、規模にかかわらず従前のままでよい（**図表31**）。

ここでいう「類似の用途」はバリアフリー法政令附則第4条に定められており、各号のいずれ

図表31 既存不適格建築物の「用途変更」を行なう場合のバリアフリー法の適用

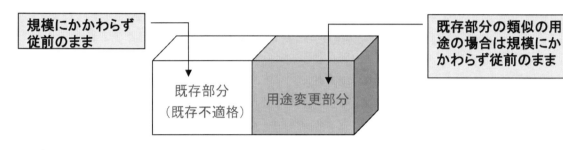

●関連条項
法第14条第1項（特別特定建築物の基準適合義務）
法附則第4条（ハートビル法廃止に伴う経過措置）
政令附則第4条（類似の用途）

図表32 バリアフリー法政令附則第4条における「類似の用途」

号	類似の用途
一	病院又は診療所（患者の収容施設があるものに限る）
二	劇場、映画館又は演芸場
三	集会場又は公会堂
四	百貨店、マーケットその他の物品販売業を営む店舗
五	ホテル又は旅館
六	老人ホーム、福祉ホームその他これらに類するもの（主として高齢者、障害者等が利用するものに限る）
七	老人福祉センター、児童厚生施設、身体障害者福祉センターその他これらに類するもの
八	博物館、美術館又は図書館

※ 法附則第4条第3項の政令で指定する「類似の用途」は、当該特別特定建築物が上の各号のいずれかに掲げる用途である場合において、それぞれ当該各号に掲げる他の用途とする

かに掲げる用途である場合において、それぞれ当該各号に掲げる他の用途とする（**図表32**）。

⑸「用途変更」を行なう場合の駐車場法の適用

「用途変更」を行なう際に駐車場法が関わるのは、「用途変更」により特定部分の延べ面積が一定規模以上となる場合、また「用途変更」で特定部分の延べ面積が増加する場合である（駐車場法第20条の2）。これに大規模修繕または大規模模様替が加わる場合には、条例で、その建築物またはその建築物の敷地内に駐車施設を設けなければならない旨を定めることができる。

商業施設を宿泊施設にコンバージョンした「ホテル アール・メッツ宇都宮」のゲストラウンジ

オフィスビルを外国人観光客やビジネスマン向けのシェアオフィスとサービスアパートメントの複合施設にコンバージョン

ただし、「用途変更」のみを行なう場合で、大規模修繕や大規模模様替を行なわないケースでは附置義務の適用はない。これは、用途を変えるだけであれば駐車場（駐車マス）を確保するのはむずかしいと思われる点を配慮したものと思われる。

なお、駐車場法第20条の2は建築基準関係規定ではないため建築確認での審査事項にはならないが、法に適合させなければ駐車場法違反になるので十分気をつけたい。

第3編

建築物の「増改築等」に関する法規制のポイント

第3編
建築物の「増改築等」に関する法規制のポイント

1. 既存建築物に対する制限の緩和

建築基準法で定められた「適用の除外」についてみると、法第3条第2項において、

「この法律又はこれに基づく命令若しくは条例の規定の施行又は適用の際現に存する建築物若しくはその敷地又は現に建築、修繕若しくは模様替の工事中の建築物若しくはその敷地がこれらの規定に適合せず、又はこれらの規定に適合しない部分を有する場合においては、当該建築物、建築物の敷地又は建築物若しくはその敷地の部分に対しては、当該規定は、適用しない。」

とあり、第3項第三号で「工事の着手がこの法律又はこれに基づく命令若しくは条例の規定の施行又は適用の後である増築、改築、移転、大規模の修繕又は大規模の模様替に係る建築物又はその敷地」に「前項の規定は適用しない」とある。

簡単に述べれば、既存不適格建築物は、「増改築等」を行なわない限り、着工後に新しく施行された規定については適用されないということであり、逆に「増改築等」を行なうと、その時点で現行法規が遡及されることになる。まず、このすべて現行法規遡及という前提があることを認識することが重要である。そのうえで、例外の規定として既存建築物に対する制限の緩和を定めている法第86条の7があり、「増改築等」を行なっても一定の条件以内であれば、既存部分については引き続き現行法規が適用されないとある。

ただし、ここにある「一定の条件」は条文によって細かく規定されている。たとえば増築においては、「エキスパンションが切れている」「新耐震基準に適合する形で建てられている」などの緩和の条件をたびたび耳にすると思うが、これはあくまで構造の規定のみであり、これらの条件をもってすべての不適格項目が緩和されるわけではない。

法第86条の7（既存の建築物に対する制限の緩和）で述べられている緩和が受けられる「一定の条件」は、次の3つに分けられる。さらに、後述するように政令第137条の2～15において具体的な条件が定められている。

●一定の範囲内の増築等で条件を満たす場合（法第86条の7第1項）

この「一定の範囲内」についても条文によって変わってくる。

●別の建物とみなす「増改築等」の場合（法第86条の7第2項）

これは「独立部分」における「増改築等」を示しており、「独立部分」であれば適用されないが、条文によって「独立」の考え方が変わる。

●「増改築等」をする部分以外は適用されない場合（法第86条の7第3項）

「増改築等」をする部分については適用するが、既存の部分は適用しなくてよいことを示している。これが緩和としては最も緩いものであるが、適用できる条文は限定されている。

現行法規が遡及されない「一定の条件」は条文によって細かく規定されている

2．一定の範囲内の「増改築等」で条件を満たす場合

(1)政令で定める範囲内

前項の法86条の7第1項では、「一定の範囲内」は条文によって変わると述べた。その条文をそのまま記載すると、

「第3条第2項（第86条の9第1項において準用する場合を含む。以下この条、次条及び第87条において同じ）の規定により 第20条 、 第26条 、 第27条 、第28条の2（同条各号に掲げる基準のうち政令で定めるものに係る部分に限る）、 第30条 、 第34条第2項 、 第47条 、 第48条第1項から第13項まで 、 第51条 、 第52条第1項 、 第2項若しくは第7項 、 第53条第1項若しくは第2項 、 第54条第1項 、 第55条第1項 、 第56条第1項 、 第56条の2第1項 、 第57条の4第1項 、 第57条の5第1項 、 第58条 、 第59条第1項若しくは第2項 、 第60条第1項若しくは第2項 、 第60条の2第1項若しくは第2項 、 第60条の3第1項 、 第61条 、 第62条第1項 、 第67条の3第1項若しくは第5項から第7項まで 又は 第68条第1項若しくは第2項 の規定の適用を受けない建築物について政令で定める範囲内において増築、改築、大規模の修繕又は大規模の模様替をする場合（第3条第2項の規定により第20条の規定の適用を受けない建築物について当該政令で定める範囲内において増築又は改築をする場合にあっては、当該増築又は改築後の建築物の構造方法が政令で定める基準に適合する場合に限る）においては、第3条第3項第三号及び第四号の規定にかかわらず、これらの規定は、適用しない」

とされている。

つまり要点は、「現行法規には合わないが、政令で定める範囲であれば、これらの規定は現行法規に合わないままでよい」ということである。ここでいう「政令で定める範囲内」は、政

図表1　既存の建築物に対する制限の緩和（抜粋）

政　令	条　項	範　囲
政令第137条の2	構造耐力関係	1/2以下かつ耐震診断、1/20以下かつ50㎡以内（その後改正あり）
政令第137条の3	防火壁関係	増築・改築面積の合計が50㎡以内
政令第137条の4	耐火建築物等としなければならない特殊建築物関係	劇場、病院、学校を除き、50㎡以内
政令第137条の4の2	増築等をする場合に適用されない物質の飛散又は発散に対する衛生上の措置に関する基準	アスベストは使用しない
政令第137条の4の3	石綿関係	増築・改築面積の合計が1/2を超えると除去、1/2以内は固着または囲い込みの措置
政令第137条の5	長屋又は共同住宅の各戸の界壁関係	床面積1.5倍以内
政令第137条の6	非常用の昇降機関係	31m以下かつ増築面積の合計が1/2以下
政令第137条の7	用途地域等関係	床面積・作業場・原動機の出力等が1.2倍以内
政令第137条の8	容積率関係	用途は自動車車庫、それ以外の面積基準時以下、増築後1/5以内
政令第137条の9	高度利用地区又は都市再生特別地区関係	建築面積、床面積1.5倍以内、最低限度の2/3以下
政令第137条の10	防火地域及び特定防災街区整備地区関係	50㎡以内、2階500㎡以内、外壁・軒裏防火構造
政令第137条の11	準防火地域関係	50㎡以内、2階500㎡以内、外壁・軒裏防火構造

令のなかで条文ごとに書かれている。このうち増築、改築に関するものをわかりやすくまとめたものが**図表1**である。たとえば、法第20条が「構造耐力関係」、法第26条が「防火壁関係」というように、上記の政令と前項の条文とが対応する形となっている。

＜事例＞
　図表2は、前項で紹介した法第86条の7第1項（一定範囲内の既存不適格）の具体的な内容を基準時と合わせて例示したものである。昭和34年（1959年）以前の建築物にある既存不適格の一例であるが、基準時が一定でないのがおわかりになるだろう。

・政令第137条の4（耐火建築物等としなければならない特殊建築物関係）では法第27条の緩和できる範囲として、劇場の客席、病院の病

図表2 「政令で定める範囲内」の事例

・政令第137条の4（耐火建築物等としなければならない特殊建築物）

既存建築物 ／ 増築部分

→ 増築面積50㎡以内
基準時S.34.12.23
既存遡及なし

・政令第137条の4の2・政令第137条の4の3
（増築等をする場合に適用されない物質の飛散又は発散に対する衛生上の措置に関する基準）・（石綿関係）

→ 増築部分が1/2を超える場合は、既存の石綿除去
増築部分が1/2以内は、既存の石綿を封じ込めまたは囲い込み措置
基準時H.18.10.1

・政令第137条の7（用途地域等関係）

→ 基準時の敷地内で、建蔽率、容積率を超えない
増築後の床面積が基準時の1.2倍以内
増築後の作業場、原動機出力等1.2倍以内
基準時（S.46.1.1～）特定行政庁で確認

室、学校の教室などを除く50㎡以内の増築としている。特殊建築物の耐火要求の規定は建築基準法制定当時よりあるが、現状の規定になったのは昭和34年（1959年）とかなり古いもので、これが適用される事例はまれである。

・政令第137条の4の2（増築等をする場合に適用されない物質の飛散又は発散に対する衛生上の措置に関する基準）および政令第137条の4の3（石綿関係）が示す規定では、「増改築」部分の面積の合計が基準時の面積の2分の1を超える場合は、既存建築物の石綿（アスベスト）を除去し現行法に適合させることが求められる。一方、2分の1以下であれば、既存の石綿を「固着」などの手法で封じ込め、またはボードなどで囲い込んで、これ以上飛散し

ない状況をつくればよい。なお、ここでの基準時は平成18年（2006年）であるが、それ以前から飛散・発散の可能性のある石綿の利用が制限され、平成7年（1995年）には原則使用禁止となっている。

・政令第137条の7（用途地域等関係）における基準時は昭和46年（1971年）で、このときに用途地域の区分が4から8に変更された。この事例では、「基準時の敷地内で、建蔽率、容積率を超えない。増築後の床面積が基準時の1.2倍以内。不適格用途の床面積、原動機出力等1.2倍以内」であれば不適格のままでよいとされている。用途地域については上記以外にも平成5年（1993年）以降12用途地域への改正や、都市計画で用途地域を変更している場合もあるの

図表3　既存不適格建築物の「増改築」にかかる構造計算基準の適用

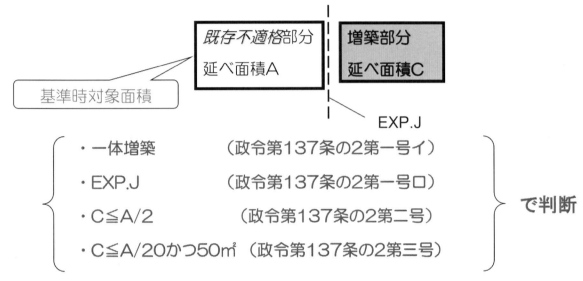

※ EXP.J＝エキスパンションジョイント（分離増改築）
※ C≦A／2＝増改築部分の延べ面積が2分の1以下
※ C≦A／20かつ50㎡＝増改築部分の延べ面積が20分の1かつ50㎡以下

図表4　「増改築等」における構造耐力規定

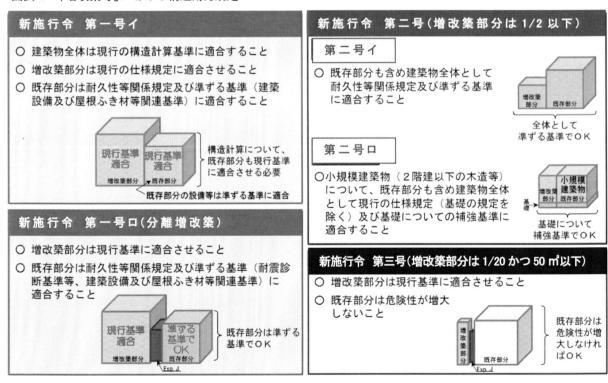

※分離増改築：新たにエキスパンションジジョイントその他の相互に応力を伝えない構造方法のみで増改築にかかる部分とそれ以外の部分が接する増改築
＜建築基準法施行令（昭和25年法令338号）第137条の2（構造耐力関係）＞

で、適合していない場合はその時期を調べて、基準時がいつだったか、それ以前に建てられたものであるかを確認するようにしたい。

(2)構造耐力規定の政令で定める範囲内

建築物の「増改築等」で最も問題になることが多いのが「構造耐力規定」である。政令第137条の2で基準時の延べ面積に対しての増築面積によってケースが細かく分かれている（**図表3、4**）。

①一体増築（政令第137条の2第一号イ）
・建築物全体は現行の構造計算基準に適合すること
・増改築部分は現行の仕様規定に適合させること
・既存部分は耐久性等関係規定および準ずる規定（建築設備及び屋根ふき等関連基準）に適合すること

増改築部分は、構造計算と仕様規定の両面から適合を判断する。この場合の構造計算は、増改築部分と既存部分が一体のため分けて考えることができないので、現行の構造計算基準に適合することが求められる。仕様規定については、増改築部分は現行の仕様規定に合わせ、既存部分は仕様規定のなかでも重要とされる耐久性等関係規定（後述）を少なくとも満たすことになっている（図表4の左上図）。つまり耐久性等関係規定以外の仕様規定のみの既存不適格建築物に適用できるケースであり、もともと構造計算に余裕をもった設計でないと適合させるのは厳しい。

②分離増改築（政令第137条の2第一号ロ）

「分離増改築」とは、新たにエキスパンションジョイントその他の相互に応力を伝えない構造方法のみで増改築にかかる部分とそれ以外の部分が接する増改築をいう。

・増改築部分は現行基準に適合させること
・既存部分は耐久性等関係規定および準ずる基準（耐震診断基準等、建築設備及び屋根ふき材等関連基準）に適合すること

この「分離増改築」が事例として最も多い。既存部分と増改築部分の間にエキスパンションを入れることで構造的に独立させており、増改築部分は構造計算・仕様規定ともに現行の基準に適合させることが求められる。一方、既存部分は、耐久性等関連規定に加えて耐震診断基準に適合であればエキスパンションを用いた増築が可能となる（図表4の左下図）。

昭和56年（1981年）6月以降に着工した建物は新耐震基準に適合しているとされるので、耐震診断基準にも適合していると捉えられるため耐震診断の必要はない。また、耐震診断の結果が基準に達していない場合でも、耐震補強をすることによって増築を可能にできる。

③増改築部分の延べ面積が2分の1以下（政令第137条の2第二号）
・既存部分も含め建築物全体として耐久性等関係規定および準ずる基準に適合すること（第二号イ）
・小規模建築物（2階建以下の木造等）につい

て、既存部分も含め建築物全体として現行の仕様規定（基礎の規定を除く）および基礎についての補強基準に適合すること（第二号ロ）

このケースには大きく2つあり、1つは増改築部分が2分の1以下の場合（第二号イ）であり、もう1つは小規模な建築物や2階以下の木造である（第二号ロ）。前者は①②と大きく変わりはないため、本規定の利用用途のほとんどは後者になる。基礎を鉄筋コンクリートとすることは昭和50年代から旧公庫基準で規定されていたものの、建築基準法で平成12年（2000年）までは無筋でも認められていた。そのため、建てられた2階建ての木造住宅などの小規模建築物では建築当時の基礎に関する規定が緩く、基礎に配筋が入っていないものも数多くある。増築部分が基準時の面積の2分の1以下であれば、基礎を告示で定める方法で補強することで、基礎取替えまでしなくても増築が可能になる（図表4の右上図）。

④増改築部分の延べ面積が20分の1かつ50㎡以下（政令第137条の2第三号）

・増改築部分は現行基準に適合させること
・既存部分は危険性が増大しないこと

政令第137条の2第三号は最も規模の小さい増改築についてのもので、既存部分に関しては危険性の増大を回避することのみを求めるものになっている。つまり、増改築部分は必ず現行法に適合させるが、エキスパンションによる分離や増築分を他の箇所で荷重を減らすなどして危険性が抑えられれば、新耐震基準前の建物でも既存に手を加える必要はないということを示している（図表4の右下図）。

●既存不適格建築物の「増改築等」にかかる緩和措置（全体）

ここまでの説明をフローチャートにしたものが図表5である。

耐久性等関係規定は仕様規定のなかでも特に重要なものであり、既存部分の危険性を増大させずに増改築を行なう小規模な増築（後述するケース5）を除いてどのケースにも関わってくる。

もう1つのポイントは、平成26年（2014年）4月1日に改正された構造耐力に関する規定である。これは平成23年（2011年）の東日本大震災において、各地で特定天井や吊り天井が落下するなどの被害が相次いだことを受けての改正となった。この規定のなかに、「既存部分も適合させる」という要求が入っている。

大枠については①〜④にわたって構造耐久規定の範囲として説明したとおりだが、以下、図表5のケースごとに既存不適格建築物の「増改築等」にかかる緩和措置について、法令に沿ってその特徴と注意点を説明していく。

＜ケース1＞

ケース1は規模に制限なく構造一体で増改築する場合である。図表6（76頁）の増改築部分、既存部分共通で記載されている政令第3章第8節とは構造計算に関する規定であり、ここで、建物全体を現行の構造計算基準に適合させること

図表5　既存不適格建築物の「増改築等」にかかる緩和措置（全体）

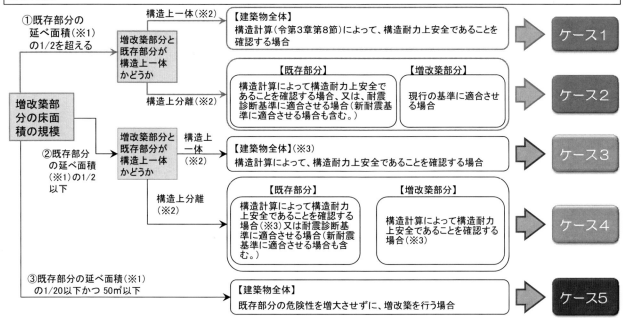

※1　構造耐力規定が改正され、改正前は違法であった建築物が改正後の同規定に適合しなくなった時点の延べ面積
※2　「構造上分離」とは新たにエキスパンションジョイントなど相互に応力を伝えない構造方法を設けることにより、建築物を構造上二以上の部分に分けて増改築を行なうもの
※3　小規模な木造住宅などについては構造計算を要しない別途の緩和基準がある
※4　このほか小規模な木造住宅などの基礎の補強の基準がある（既存部分の延べ面積の1/2以下）

が記載されている。

またこのなかで、「既存部分」の中段にある「当該昇降機のかごが、かご内の人又は物による衝撃を受けた場合において、かご内の人又は物が昇降路内に落下し、又はかご外の物に触れるおそれのない構造であること」という一文に注意しておきたい。

詳細は後述するが、東日本大震災の際のエレベーターやエスカレーターの事故を受け、平成26年（2014年）の法改正では昇降機関連の基準に地震時の安全性に対する基準が構造耐力関係規定として追加された。この規定によりケース5以外すべて遡及が必要となった。場合によってはエスカレーター、エレベーターの交換も必要となるため、これが工程上およびコスト上の大きな負担となっている。

また同じ「既存部分」の下段、「建築設備・屋根ふき材等」としてまとめられたなかに、特定天井についての規定が入っている。ここでは、「増改築等」の際、既存部分に特定天井があれば、落下を防ぐためにネットやワイヤで処置することを求めており、これも施工側にとっては

図表6　既存不適格建築物の増改築にかかる緩和措置――ケース1

	増改築部分	既存部分
規模制限なし増改築	○建築物全体について、次の規定に適合すること【政令第137条の2第一号イ(1)】 ・政令第3章第8節	
	○増改築部分について、次の規定に適合すること【政令第137条の2第一号イ(2)】 ・政令第3章第1節～第7節の2 ・政令第129条の2の4 ・法第40条の規定に基づく条例の構造耐力に関する制限を定めた規定	＜構造耐力上主要な部分＞ ○既存部分について、耐久性等関係規定に適合すること【政令第137条の2第一号イ(3)】 ＜建築設備・屋根ふき材等＞ ○既存部分について、次の規定に適合すること【告示第一第一号、第二号】※ ・政令第129条の2の4第三号 ・政令第129条の2の5第1項第二号及び第三号 ・政令第129条の3第1項第一号及び第二号に掲げる昇降機は、政令第129条の4及び政令第129条の5（これらの規定を政令第129条の12第2項において準用する場合を含む。）、政令第129条の8第1項並びに政令第129条の12第1項第六号の規定に適合するほか、当該昇降機のかごが、かご内の人又は物による衝撃を受けた場合において、かご内の人又は物が昇降路内に落下し、又はかご外の物に触れるおそれのない構造であること ・屋根ふき材等について、昭和46年（1971年）告示第109号に適合すること ・平成25年（2013年）国土交通省告示第771号第3に定める基準に適合すること ただし、増築又は改築をする部分以外の部分の天井（新たに設置するものを除く。）であって、増築又は改築をする部分の天井と構造上分離しているもので当該天井の落下防止策（ネット、ワイヤ又はロープその他の天井材（当該落下防止措置に用いる材料を除く。）の落下による衝動が作用した場合においても脱落及び破断を生じないことが確かめられた部材の配置により、天井の落下を防止する措置をいう。）が講じられているものにあっては、この限りでない

※は平成17年（2005年）国土交通省告示第566号

かなりの負担となる。なお、この規定もケース5のみ遡及されない規定である。

<ケース2>

ケース2は規模の制限がなく、エキスパンションで構造上分離されている。増築する部分は現行法に適合させ、既存部分については耐震診断や新耐震設計で地震に対する安全性を確認する方法である。

ここで注意したいのは、「地震を除き政令第82条第一号から第三号までに規定する構造計算によって、構造耐力上安全であることを確認する」とあるので、たとえば多雪地域や海沿いの風圧が高い地域などでは、それらの影響に耐えうる構造となっているか否か確認を行なう必要がある（**図表7**）。

<ケース3・ケース4>

ケース3および4は、前述した構造耐力規定の政令で定める範囲内の③増改築部分の延べ面積が2分の1以下という規模制限がある場合である。そこで述べた基礎補強のほかに特徴的な点をあげると、木造四号については壁量計算で構造検討ができる点である。ケース1、2の場合は既存が新築時に構造計算が要求されない、いわゆる四号の建築物であっても、構造計算、耐震診断は必要であるが、2分の1以下に抑えることで検討方法が容易になっている（**図表8、9**）。

<ケース5>

ケース5は、前記④増改築部分の延べ面積が20分の1かつ50㎡以下の小規模増築であり、条文では**図表10**に書かれているとおり、既存部分は危険性が増大しないという条件のみである。

(3) 耐久性等関係規定とは

建築物の「増改築等」において遡及緩和を適用する場合でも、既存部分は次の耐久性等関係規定に適合しなければならない。また、建築物の構造方法別の耐久性等関係規定は**図表11**のとおりである（図表7〜11は78〜79頁）。

・政令第36条（構造方法に関する技術的基準）
・政令第36条の2（地階を除く階数が4以上である鉄骨造の建築物等に準ずる建築物）
・政令第36条の3（構造設計の原則、自重、積載荷重、積雪、風圧、土圧および水圧ならびに地震に構造耐力上安全）
・政令第37条（構造部材の耐久、構造耐力上主要な部分で特に腐食、腐朽）
・政令第38条第1項（基礎の安全性）
・政令第38条第5項（基礎ぐいの安全性）
・政令第38条第6項（木ぐいの常水面下）
・政令第39条第1項（屋根ふき材等の緊結）

ケース2およびケース4における耐震診断基準適合については平成21年（2009年）9月1日付けの技術的助言（国住指第2072号）により、昭和56年（1981年）6月以降に着工された既存建築物において「新耐震基準」に適合していることが確認できれば、増築申請における既存建築物の耐震診断が不要となった。これにより、既存建築物の増築計画がより進めやすくなったといえる。

ただし、この「新耐震基準」の適用は地震時

図表7　既存不適格建築物の増改築にかかる緩和措置――ケース2

	増改築部分	既存部分
規模制限なし増改築（エキスパンションジョイント）	○構造上分離された増改築部分について、次の規定に適合すること【政令第137条の2第一号ロ(2)】 ・政令第3章 ・政令第129条の2の4 ・法第40条の規定に基づく条例の構造耐力に関する制限を定めた規定	<構造耐久力上主要な部分> ○既存部分について、耐久性等関係規定に適合すること【政令第137条の2第一号ロ(3)】 ○構造上分離された既存部分について ・地震に対して法第20条第1項第二号イ後段又は第三号イ後段に規定する構造計算によって構造耐力上安全であることを確認すること。または、耐震診断基準に適合でも可（新耐震基準以降も含む）【告示第二第一号イ】※ ・地震を除き政令第82条第一号から第三号までに規定する構造計算によって、構造耐力上安全であることを確認すること【告示第二第一号ロ】※ <建築設備・屋根ふき材等> 「ケース1」に同じ【告示第二第二号、第三号】※

※は平成17年（2005年）国土交通省告示第566号

図表8　既存不適格建築物の増改築にかかる緩和措置――ケース3

	増改築部分	既存部分
1/2以下増改築	<構造耐力上主要な部分> ○建築物全体について、次の構造計算によって構造耐力上安全であることを確認すること ・法第20条第二号イ後段又は第三号イ後段に規定する構造計算【告示第三第一号ロ】※ ・四号建築物のうち木造については、地震に対して建築物全体が土台・基礎（政令第42条）、柱小径（政令第43条）、壁量計算（政令第46条、表3除く）のみ適合でも可。地震を除き建築物全体が壁量計算（政令第46条第4項、表2除く）に適合すること【告示第三第一号ハ】※ <建築設備・屋根ふき材等> 「ケース1」に同じ【告示第三第二号、第三号】※	
	<構造耐力上主要な部分> ○増改築部分について、次の規定に適合すること【告示第三第一号イ】※ ・政令第3章第1節〜第7節の2 ・法第40条の規定に基づく条例の構造耐力に関する制限を定めた規定	<構造耐力上主要な部分> ○既存部分について、耐久性等関係規定に適合すること【政令第137条の2第二号イ】
1/2以下増改築（四号建築物の基礎補強）	<構造耐力上主要な部分> ○増改築部分について、次の規定に適合すること【政令第137条の2第二号ロ】 ・政令第3章第1節〜第7節の2（第36条及び第38条第2項から第5項までを除く）	<構造耐力上主要な部分> ○既存部分（基礎以外）について、次の規定に適合すること【政令第137条の2第二号ロ】 ・政令第3章第1節〜第7節の2（第36条及び第38条第2項から第5項までを除く） ○既存部分の基礎は、その補強方法について大臣の定める基準に適合すること【政令第137条の2第二号ロ、告示第四】※

※は平成17年（2005年）国土交通省告示第566号

図表9　既存不適格建築物の増改築にかかる緩和措置──ケース4

	増改築部分	既存部分
1/2以下増改築（エキスパンションジョイント）	＜建築設備・屋根ふき材等＞「ケース1」に同じ【告示第三第二号、第三号】※ ＜構造耐力上主要な部分＞ ○構造上分離された増改築部分について、次の規定に適合すること【告示第三第一号イ】※ ・政令第3章第1節～第7節の2 ・法第40条の規定に基づく条例の構造耐力に関する制限を定めた規定 ○構造上分離された増改築部分について、次の構造計算によって構造耐力上安全であることを確認すること ・法第20条第二号イ後段又は第三号イ後段に規定する構造計算【告示第三第一号ロ】※ ・四号建築物のうち木造については、地震に対して土台・基礎（政令第42条）、柱小径（政令第43条）、壁量計算（政令第46条、表3除く）のみ適合でも可。地震を除き建築物全体が壁量計算（政令第46条4項、表2除く）に適合すること【告示第三第一号ハ】※	＜構造耐力上主要な部分＞ ○構造上分離された既存部分について、耐久性等関係規定に適合すること【政令第137条の2第二号イ】 ○構造上分離された既存部分について、 ・既存部分全体に対して、法第20条第二号イ後段又は第三号イ後段に規定する構造計算【告示第三第一号ロ】※ ・あるいは、地震に対して、耐震診断基準に適合し（新耐震基準に適合する場合も含む）、地震以外にかかる令第82条第一号から第三号までに規定する構造計算によって構造耐力上安全であることを確認すること ・四号建築物のうち木造については、地震に対して土台・基礎（政令第42条）、柱小径（政令第43条）、壁量計算（政令第46条、表3除く）のみ適合でも可。地震を除き建築物全体が壁量計算（政令第46条4項、表2除く）に適合すること【告示第三第一号ハ】※

※は平成17年（2005年）国土交通省告示第566号

図表10　既存不適格建築物の増改築にかかる緩和措置──ケース5

	増改築部分	既存部分
1/20以下かつ50㎡以下増改築	○構造上分離された増改築部分について、次の規定に適合すること【政令第137条の2第三号イ】 ・政令第3章 ・政令第129条の2の4 ・法第40条の規定に基づく条例の構造耐力に関する制限を定めた規定	○既存部分について、構造耐力上の危険性が増大しないこと【政令第137条の2第三号イ】

図表11　建築物の構造方法別の耐久性等関係規定

建物構造	政令	内容
木造	第41条	木材、節、腐れによる耐力上の欠点
	第49条	外壁内部などの防腐措置等
鉄骨造	第70条	柱の防火被覆
鉄筋コンクリート造	第72条	コンクリートの材料
	第74条	コンクリートの強度
	第75条	コンクリートの養生
	第76条	型枠および支柱の除去
	第79条	鉄筋のかぶりの厚さ
鉄骨鉄筋コンクリート造	第79条の3	鉄骨のかぶりの厚さ
その他	第80条の2	構造方法に関する補足

図表12　政令で定める独立部分（別の建築物とみる規定）

政令第137条の14（抜粋）	
第一号	法第20条第1項に規定する基準の適用上一の建築物であっても別の建築物とみなすことができる部分 　建築物の二以上の部分がエキスパンションジョイントその他の相互に応力を伝えない構造方法のみで接している場合における当該建築物の部分
第二号	法第35条（第5章第2節（第117条第2項を除く）および第4節に規定する技術的基準にかかる部分に限る）に規定する基準の適用上一の建築物であっても別の建築物とみなすことができる部分 　建築物が開口部のない耐火構造の床、壁で区画されている場合における当該区画された部分
第三号	法第35条（第5章第3節（第126条の2第2項を除く）に規定する技術的基準にかかる部分に限る）に規定する基準の適用上一の建築物であっても別の建築物とみなすことができる部分 　建築物が次のいずれかに該当するもので区画されている場合における当該区画された部分 　イ　開口部のない準耐火構造の床又は壁 　ロ　法第2条第9号の2ロに規定する防火設備でその構造が第112条第14項第一号イ及びロ並びに第二号ロに掲げる要件を満たすものとして、国土交通大臣が定めた構造方法を用いるもの又は国土交通大臣の認定を受けたもの

に限定されたものである。風圧力と積雪荷重は平成12年（2000年）に改正されており、風圧力については低層建物で増えることも想定され、多雪区域などでは積雪量の設定が増えているので、「新耐震基準」に適合している建物であっても平成12年（2000年）以前に設計された建築物は再確認が必要である。

また、限界耐力計算法などは性能規定としての基準であり、技術的助言でいう「新耐震基準」とは位置づけが異なる。そのため、限界耐力計算法を採用している既存部分については、従来どおりの耐震診断が必要となる。

3．別の建築物とみなす「増改築等」の場合

(1)政令で定める独立部分

独立部分については第2編でもふれたが、もとは「増改築等」に関する独立部分の考え方であり、法第86条の7第2項で次のように示されている。

【法第86条の7第2項（抜粋）】

　第3条第2項の規定により第20条又は第35条の規定の適用を受けない建築物であって、第20条又は第35条に規定する基準の適用上一の建築物であっても別の建築物とみなすことができる部分として政令で定める部分が二以上あるものについて増築等をする場合においては、当該増築等をする独立部分以外の独立部分に対しては、これらの規定は、適用しない。

　ここでいう「政令で定める部分」は「別の建築物と見る規定」であり、政令第137条の14（独立部分）で示されている。第一号の条文では構造規定を示す法第20条についてふれ、独立部分で「遡及適用なし」とされるのは、構造耐力の場合はエキスパンションジョイントで接続されている場合であることを示している。第二号の条文にある法第35条第5章第2節はいわゆる避難規定で、第4節は非常用照明についての規定である。第三号の条文の法第35条第5章第3節は排煙

図表13　構造規定を別の建築物として扱う（遡及適用なし）

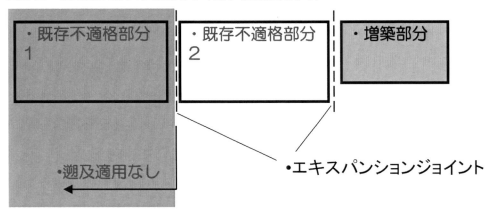

図表14　構造規定を別の建築物として扱えない（遡及適用なしとはならない）

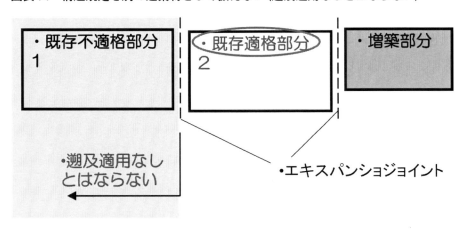

規定である（**図表12**）。以下、第一号〜第三号を順にみていく。

(2)構造規定を別の建築物として扱う

図表13は第一号（構造規定）の例で、2つの既存不適格建築部分が2つのエキスパンションジョイントで接続されている建築物に新たに増築するケースを表わしている。この場合、増築部分に接する既存不適格部分2については、耐震診断または新耐震基準の適合が必要となるが、既存不適格部分1については、増築で接続する既存部分以外の独立した部分とみなされるため、遡及は適用されない（政令第137条の14第一号）。

病院や学校、工場などで、エキスパンションジョイントでつぎつぎと建物を付け加えていくケースがある。新耐震基準に適合しているか否かについては、増改築部分に直接接する既存部分についてのみ構造上の確認を行なえばよく、それ以外の部分への遡及は一切ないので、別の建築物としてみなすということが示されている。

注意をしなければならないのは、既存不適格部分と「既存適格」部分がエキスパンションジョイントで接続されている建築物があり、「既存適格」部分にエキスパンションジョイントで接続して増築する場合である。このケースでは構造規定を別の建築物として扱うことができず、遡及が必要となると捉えられている。

たとえば**図表14**では、平成19年（2007年）以前に建てられた既存不適格部分1に「既存適格」部分2を増築していれば現行法に適合しているが、さらに増築する場合は、不適格部分1につ

図表15　避難規定を別な建築物として扱う①

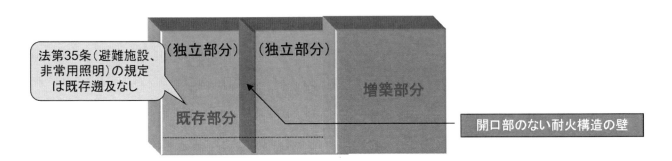

図表16　避難規定を別な建築物として扱う②

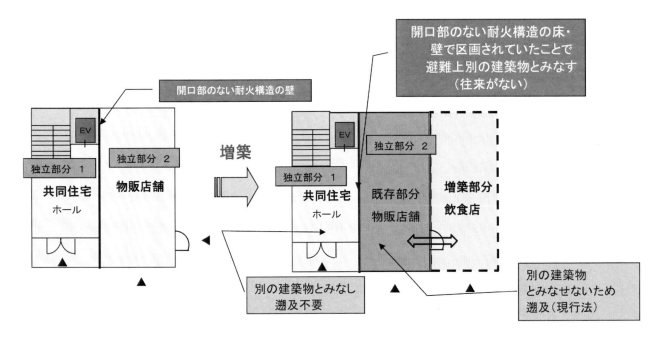

いて新耐震基準に適合しているか否かを確認しなければならない。

ただし、この考え方によると、エキスパンションジョイントによって多数の棟がつながっているようなケースでは、遡及が広範囲に広がる場合もある。特定行政庁によっては接続する既存の適格・不適格に関係なく、エキスパンションジョイント2つ先を遡及しないと考えることもあるので、一度相談をしたほうがよいだろう。

⑶ 避難施設と非常用照明を別の建築物として扱う

図表15は第二号（避難施設、非常用照明）の独立部分の考え方を示したものであり、2つの独立部分の間が開口部のない耐火構造の壁で仕切られた既存部分に増築をする場合を示している。この場合、開口部のない耐火構造の壁で仕切られていないため増築部分に接する既存の独立部分には遡及が必要であるが、耐火構造の壁を隔てたもう1つの独立部分には既存遡及は必要ない。

図表16は第二号の独立部分に関する事例である。開口部のない耐火構造の壁で仕切られて独立した共同住宅と物販店舗があり、物販店舗に隣接して増築（飲食店）するケースである。既存部分が独立部分となっているところへ増築を行なったが、増築部分の飲食店と隣接する物販店舗との間で往来が可能で別の建築物とみなせないため物販店舗には遡及が必要になる。

一方、もう1つの独立部分で開口部のない耐火構造の床・壁で区画されている共同住宅については、他の独立部分と往来がないことから、避難上、別の建築物とみなされ遡及は不要となる。

⑷ 排煙の規定を別の建築物として扱う

排煙に関する独立部分は図表12の第三号にあるとおりだが、第三号のロで述べている「第112条第14項第一号イ及び第二号ロに掲げる要件」とは、いわゆる自閉機能を備え遮煙性能のあるシャッターなどで区画されていることを指す。

つまり排煙の規定は、一の建築物を部分適用する場合については、既存部分のなかに準耐火構造の壁と遮煙性能のある防火設備で区画された部分があれば、その区画された独立部分は既存遡及の必要がなく、増築部分に隣接する既存部分のみの遡及となる（**図表17**）。

図表18は第三号の独立部分に関する事例で、遮煙性能のある防火設備によって2つの物販店舗がそれぞれ区画されている隣に、物販店舗を増築するというケースである。この場合、廊下は増築部分と一体の部分とみなされるので遡及が必要だが、増築する部分と隣接する物販店舗2が遮煙性能のある防火設備によって仕切られていることから別の建築物とみなされ、既存の2つの物販店舗については遡及不要となる。

4．「増改築等」をする部分以外は適用されない場合

法第86条の7第3項では、既存遡及が不要な規定について定めている。

シックハウス対策の24時間換気がその代表的な例である。建築基準法におけるシックハウス

図表17　排煙の規定を別の建築物として扱う①

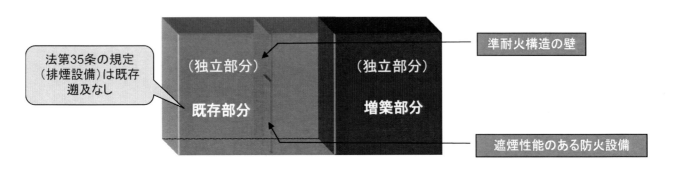

図表18　排煙の規定を別の建築物として扱う②

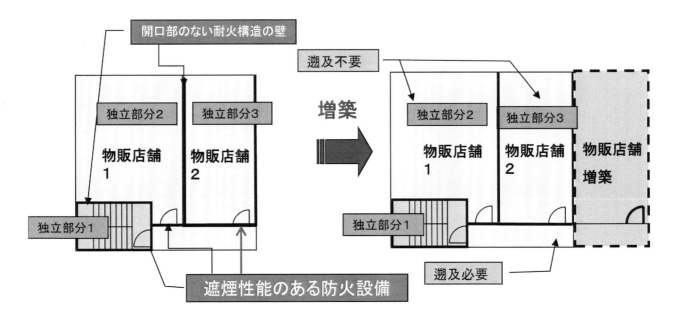

図表19　24時間換気は一体空間の利用がなければ既存遡及は不要

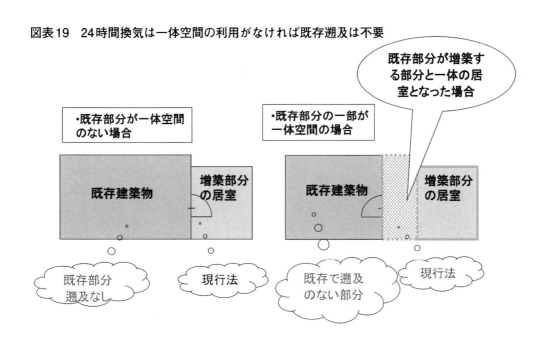

対策に関する規定では、居室内の「シックハウス症候群」の原因となる化学物質を除去するため、居室内で機械を用いて換気をしなければならないことになっている（自然給気と機械による排気、または自然排気と機械による給気、または機械で給排気の両方を行なうなど）。

この24時間換気は、増築部分のなかで給排気を行なうのであれば、既存の部分については遡及を必要としない。ただし、既存部分が増築する部分と一体の居室となっている場合については、一体空間となった部分について遡及が求められるので注意したい（**図表19**）。

このほか、よく取り上げられるものとして階段の手すりに関する規定がある。平成12年（2000年）に改正施行された政令第25条において、「階段には、手すりを設けなければならない」と規定された。これについても既存部分にある階段については遡及がないので不適格のままとすることもできる。

5．規定ごとの部分適用

ここまで説明してきた既存不適格をそのまま残す考え方については、それぞれの規定が建築物全体ではなく部分適用して性能が担保されるかという基準で定められている。各規定の部分適用の可否について**図表20**（86～87頁）にまとめた。

部分適用が不可の場合の条件は個々に説明されているが、基本的には「分割してその性能を判断することができない」ので遡及の必要が出てくるという捉え方である。

たとえば、法第20条については、構造耐力は

図表20　部分適用を行なう場合の各規定の適用について

関連規定	項目	部分適用を行なう場合の規定の適用（現行法）	部分適用
法第20条	構造耐力（構造上の安全性）	増改築等にかかる部分とエキスパンションジョイントその他の相互に応力を伝えない構造方法のみで接している建築物の部分については適用しない	可
法第21条	大規模木造建築物の主要構造部（耐火構造要求）	性能的に分割可能な条件が現時点で設定できないため、建築物全体に適用	遡及必要
法第22条	22条地域内の屋根不燃	性能的に分割可能な条件が現時点で設定できないため、建築物全体に適用	遡及必要
法第23条	22条地域内の外壁防火措置	性能的に分割可能な条件が現時点で設定できないため、建築物全体に適用	遡及必要
法第24条	木造建築物等である特殊建築物の外壁等	性能的に分割可能な条件が現時点で設定できないため、建築物全体に適用	遡及必要
法第25条	大規模木造建築物の外壁等（防火構造要求）	性能的に分割可能な条件が現時点で設定できないため、建築物全体に適用	遡及必要
法第26条 法第36条	防火壁	性能的に分割可能な条件が現時点で設定できないため、建築物全体に適用	遡及必要
法第27条	特殊建築物への耐火建築物又は準耐火建築物の義務付け	性能的に分割可能な条件が現時点で設定できないため、建築物全体に適用	遡及必要
法第28条第1項 法第36条	居室の採光	居室単位で適用	可
法第28条第2項	居室の換気	居室単位で適用	可
法第28条第3項	特殊建築物の居室の換気、火気使用室換気	居室、火気使用室単位で適用	可
法第28条の2	居室内における科学物質発散に対する衛生上の措置	居室単位で適用（クロルピリホスについては建築物全体に適用）	可
法第29条	地階の居室の防湿等	居室単位で適用	可
法第30条	界壁の防音	界壁単位で適用	可
法第31条 法第36条	便所	便所単位で適用	可
法第32条	電気設備	電気設備単位で適用	可
法第33条 法第36条	避雷設備	建築物全体に適用	遡及必要
法第34条第1項 法第36条	昇降機	昇降機単位で適用	可
法第34条第2項	非常用昇降機	性能的に分割可能な条件が現時点で設定できないため、建築物全体に適用	遡及必要

図表20　つづき

関連規定	項　目	部分適用を行なう場合の規定の適用（現行法）	部分適用
法第35条 第5章2節	避難施設	増改築等にかかる建築物の部分と開口部のない耐火構造の床、壁で区画された建築物の部分については適用しない	可
法第35条 法第36条	消火設備	性能的に分割可能な条件が現時点で設定できないため、建築物全体に適用	遡及必要
法第35条 第5章3節	排煙設備	増改築等にかかる建築物の部分と開口部のない耐火構造の床、壁、遮煙性能を有する防火設備で区画された建築物の部分については適用しない	可
法第35条 第5章4節	非常用照明装置	増改築等にかかる建築物の部分と開口部のない耐火構造の床、壁で区画された建築物の部分については適用しない	可
法第35条	非常用進入口	性能的に分割可能な条件が現時点で設定できないため、建築物全体に適用	遡及必要
法第35条	敷地内通路	建築物全体に適用（不可分）	遡及必要
法第35条の2	特殊建築物等の内装制限	性能的に分割可能な条件が現時点で設定できないため、建築物全体に適用	遡及必要
法第35条の3	無窓居室等の主要構造部	居室単位で適用	可
法第36条	居室の天井高さ	居室単位で適用	可
法第36条	居室の床の高さ	居室単位で適用	可
法第36条	床の防湿方法	居室単位で適用	可
法第36条	階段	階段単位で適用	可
法第36条	防火区画	性能的に分割可能な条件が現時点で設定できないため、建築物全体に適用	遡及必要
法第36条	配管設備	配管設備単位で適用	可
法第36条	浄化槽	浄化槽単位で適用	可
法第36条	煙突	煙突単位で適用	可
法第61条、法第62条、法第63条、法第64条、法第67条の2	防火地域内等の建築物への耐火建築物等の義務付け	性能的に分割可能な条件が現時点で設定できないため、建築物全体に適用	遡及必要

エキスパンションジョイントを利用することである程度の独立性は確保されるので、現行法規で部分適用を判断することになっている。

法第22条などの防火関連では、増築部分だけに配慮すればよいという判断ができないので既存適格という設定ができない。

法第33条・法第36条の避雷設備も、建物全体で判断する必要があるため遡及が必要であり、既存建築物の高さが20mを超えている場合には必ず避雷設備をつけることになっている。またまれなケースではあるが、斜面に建っている建築物で低い側の土地に増築した場合、平均地盤の値が下がり、避雷設備に関する条件が変わることもある。このように増築する部分に影響されて既存部分への規制も変わる場合があるので注意したい。

法第35条の非常用進入口、敷地内通路、特殊建築物等の内装制限など避難規定においても、部分で分けて考えることのできない規定については緩和がない。

法第36条の防火区画についても、「用途変更」の場合は、準用がないが増築では緩和が一切ないので、現行法規の適用が必要となる。たとえば、10万㎡の建物に10㎡の小規模な増築を行なった場合では、増築するよりも遡及にかかる手間やコストのほうが大幅に増える可能性があるので注意が必要である。

6．増築の際の注意点

(1)注意事項1──防火区画の緩和規定がない

前述のように、建築物の「増改築等」に際し、防火区画については緩和が一切ないことになっており、そのなかでも必ず問題となるのが次の2点である。

①昇降機の扉に対する遮煙性能（竪穴区画）
②防火シャッターで区画されている場合の安全装置

①では、エレベーターの扉には遮煙性能が求められるとしている。平成14年（2002年）以前には、建設省告示第1111号において、エレベーターの扉が竪穴区画の防火設備として認められていたが、建築基準法改正により効力を失効した。それ以降、竪穴区画となるエレベーターの扉は大臣認定により遮煙性能を有すると認められたものを使う必要が出てきた。「CAS－△△△△」の形式の認定番号が遮煙性能を有することを示している。

既存の建築物に遡及する場合には、増築と同じタイミングでエレベーターの取り替え工事をしない限りエレベーターの扉だけ入れ替えることは困難なので、扉の前にスクリーンを付けて遮煙性能を有する措置をとるのが一般的である。

②については、防火シャッター関連の事故、特に小学校で児童がシャッターに挟まって圧死したケースもあったことから平成17年（2005年）に付加された規定である。シャッターが下りてきたときに、何かに当たるといったん停止し、一定時間を経てまた作動するという機能を備えるよう求めている。

(2)注意事項2──建築物の高さについての緩和規定がない

建築物の「増改築等」に際し、高さについても緩和規定が設けられていない。なかでも注意したいのは次の2点である。

① 学校などには日影規制前から建っている建築物が多い（増築や計画変更申請の都度許可が必要になる）
② 高度規制について最近指定している地域が多い

①の日影規制は建物によって生じる影の範囲を規制することによって、北側隣地の環境を守るための規定であり、敷地から5m、10mの範囲で、冬至の8時から16時の間に一定時間以上日が当たることを求めている。

日影規制（建築基準法では法第56条の2）が施行されたのは昭和52年（1977年）であるが、それ以後でも、都市計画の変更、規制時間の変更が変更されることによって、既存不適格となるケースがある。また日影規制は影が落ちる地域で制限されるため、建物がある敷地自体に規制がかかっていないからといって安心してはいけない。たとえば昔からある工場の周りで、工場のあるエリアを残して住宅地として住居系の用途指定が行なわれることによっても、既存不適格になるケースもある。

このような日影規制に不適合の建築物については既存不適格の緩和規定がない。また集団規定のため、規制対象となる日影を落としている建物とは別棟で離れた位置にあったとしても、同じ敷地のなかにあれば、遡及対象となる。この場合、法第56条の2第1項のただし書きによる許可を得るしか方法がない。「ただし書き」では、「特定行政庁が土地の状況等により周囲の居住環境を害するおそれがないと認めて建築審査会の同意を得て許可した場合においては、この限りでない」となっている。

日影規制の対象となる建築物は個別に許可を申請することになり、その計画以降さらに増築を行なう場合には、その都度許可を取り直す必要がある。

②の高度規制については、条文の制定自体は昭和40年代と古いが、近年でも各自治体で、指定地域（高度地区）を増やしたり、強化をしていたりする。高度規制にも日影規制と同様に法令のなかには緩和規定がない。高度地区に関する規制は都市計画のなかで個別に規定されているため、建設地の高度地区計画を確認する必要がある。一定の条件におさめたり、個別に許可を取るなどすることで増築が可能になる。

(3)注意事項3──構造規定

平成23年（2011年）3月に発生した東日本大震災では、建築物が地震で揺れた直後にエスカレーターが落下したり、エレベーターが地震時に一時停止した後も作動しなかったりといった事故が多発した。これを受け、エレベーターおよびエスカレーターの脱落防止対策に関する建築基準法施行令、告示が制定および一部改正され、平成26年（2014年）4月に施行された。これにより既存建築物の「増改築等」に際し、設置済みの昇降機についても、最新の耐震規定を含

図表21　エスカレーター脱落防止措置

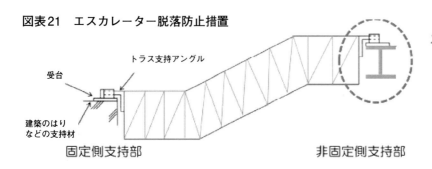

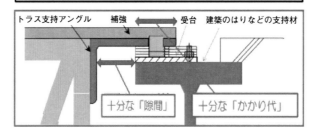

む現行法令への適合が必要となった。

● **昇降機の改正①──エスカレーター脱落防止措置構造規定**

エスカレーターの脱落防止措置構造規定を示したのが**図表21**である。エスカレーターはいわゆるトラス構造で、橋などにみられるトラスが2つのはりに掛けられた状態となっており、多くは片方を固定して支持し、もう一方を固定せずに支持している。地震などの揺れにより建築物が歪んだ際に、この非固定側支持部が寄ったり離れたりして、本体の破損防止や建物の正常な歪みを妨げない構造となっているのだが、東日本大震災では想定以上に建物が歪むことで非固定部が外れエスカレーターの落下が起きた。

法改正では、中規模地震の揺れに対しても脱落しないように、階高の100分の1であった「かかり代」を原則40分の1に強化し、十分な「かかり代」がとれない場合は脱落防止措置を講じるなどとしている。しかし、増改築時に既存のエスカレーターをこの規定に適合させようとするのはむずかしく、エスカレーターの入替えしかないのが実情である。そのため、増築がしたくても構造遡及のかからない、「50㎡以内かつ20分の1」としたり、別棟として増築せざるをえないのが現状である。

この対策としては、既存改修で脱落防止が期待できる方法が検討されてきた。すでにパブリックコメントも終わっている段階なので、近々法改正によって、増築の可能性が広がるこ

図表22　エレベーターの落下防止措置構造規定

釣合おもりの構成	釣合おもりの枠（たて枠、上下の枠その他釣合おもり片の脱落を防止する部材、これらの接合部を含む）＋釣合おもり片
国土交通大臣が定める構造計算	①固定荷重、規定の地震力によって釣合おもりの枠に生ずる力を計算する ②釣合おもりの枠の断面に生ずる短期の応力度を計算する ③短期応力度が許容応力度を超えないことを確認する
釣合おもりの脱落防止措置	釣合おもりのたて枠は、釣合おもり片と接する部分のたわみの方向の長さが、たわみよりも10mm以上長いものとする

とが期待されている。

●昇降機の改正②──エレベーター落下防止構造規定

　法改正によりエレベーターの落下防止措置が義務化された。具体的には、ロープやレールといった、かごの重量を支える主要な支持部分について、地震などの短期荷重に対する構造計算基準が定められ、また釣合いおもりについても、枠の安全性と揺れによって釣合いおもりが外れないことを確認することが規定された（**図表22**）。

　新たに算定方法が定められた地震力は、改正前の「昇降機耐震設計・施工指針」で取り扱われている地震力に比べて値が大きいものとなっている。特にマシンルームレスのエレベーターは巻上機がレールに取り付けられており、レールが巻上機、ロープを経てかごを支える構造になっている。このレールが最も地震力の影響を受けるため、仕様によってはレールを取り替えるか、レールの支持箇所を増やすなどの対策が必要となる。

　また、東日本大震災では劇場や体育館、空港などの天井の落下事故も多かったため、「建築物における天井脱落対策に係る技術基準」によって脱落によって重大な危害を生ずるおそれがある天井の落下対策が定められ、建築基準法施行令・関係省令の改正、関連告示の改正を行ない、平成26年（2014年）4月に施行された。

●特定天井の脱落防止措置

　「建築物における天井脱落対策に係る技術基準（平25年国交告第771号）」では、「脱落によって重大な危害を生ずるおそれがある天井」（特定天井）が適合すべき「構造耐力上安全な天井の構造方法」を定めている（政令第39条第3項）。ここで規制強化の対象となっている「特定天井」とは、天井高さ6m超、水平投影面積200㎡超、単位面積室料2kg／㎡超の吊り天井で、人が日常利用する場所に設置されているものと規定されている。

　現在では劇場や公会堂、大型の商業施設など吹抜けがある建築物の多くが特定天井を有している。特定天井は「人が通常利用する場所」とされているので、機械室など人の出入りがほとんどない場所は除外されるが、非居室であっても廊下などそれ以外の場所に設置されているも

図表23 特定天井の脱落防止措置

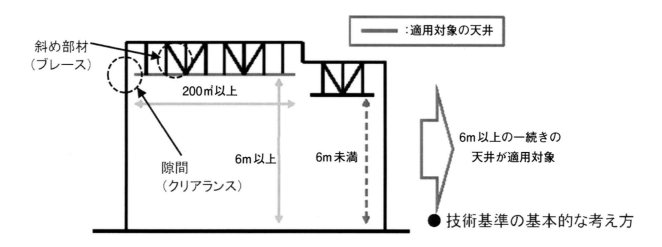

図表24 天井脱落対策にかかる基準

	改正前	基準（仕様ルート）
クリップ、ハンガーなどの接合金物	引っ掛け式などで地震時に滑ったり外れるおそれ	ねじ留めなどにより緊結
吊りボルト、斜め部材等の配置	設計によりさまざま	密に配置 　吊りボルト1本／㎡ 強化した斜め部材 　基準に従って算定される組数
吊り長さ	設計によりさまざま	3m以下で、おおむね均一
設計用地震力（水平方向）	実態上、1G程度	最大2.2G
クリアランス（隙間）	実態上、明確に設けられていない	原則6cm以上

図表25　新築建築物等と既存建築物の脱落防止措置

のであれば対象になる。

「構造耐力上安全な天井の構造方法」の基本的な考え方は、斜め部材などにより地震力などによる天井の振れを抑制し、天井面と壁面などとの間に一定の隙間（クリアランス）を設けることにより、天井の損傷、脱落の防止を図ることである（**図表23**）。天井脱落対策にかかる基準は**図表24**のとおりとなっている。

既存建築物の場合は、天井落下防止措置として、ワイヤなどを使って損傷しても脱落しないようにする、あるいはネットを設置して脱落を防ぐかのいずれかで処置をすることが求められている（**図表25**）。

7．既存不適格調書について

既存不適格建築物を増改築する場合、これまでに説明してきたように、規定ごとに遡及の要否を確認する必要がある。確認申請では、これらの既存不適格建築物の不適格の状況と緩和の適用の可否について詳細をまとめた「既存不適

図表26　既存不適格調書の具体的記載事項

①現況の調査書……現況の建築物の状態などがわかる図書
　（a）建築主の記名・押印
　（b）当該調査書を作成した者の記名・押印
　（c）既存不適格となっている規定・その建築物の部分
　（d）既存不適格となっている建築物の部分ごとの基準時
　（e）当該申請以前の増築、改築、修繕、模様替、用途変更、除却の工事の履歴
②既存建築物の平面図、配置図……工事の履歴にかかる部分が確認できること
③新築または増築等の時期を示す書類……工事の実施を特定できる書類
　例）検査済証、台帳証明（検査）または確認済証、台帳証明（確認）、登記事項証明
④基準時以前の法適合性を確認するための図書等……既存不適格であることの確認
　例）検査済証、台帳証明（検査）、調査書、確認申請書および設計図書

図表27　その他の必要図書等（既存不適格調書以外）

※既存部分に制限の緩和を受ける場合は一定の条件内での「増改築等」であることを確認するための図書が必要
　例）政令137条の2第三号の適用
　基準時の床面積の1/2以内の増築で構造規定の制限の緩和の適用とする場合、既存部分の政令137条の2第三号の規定に適合することを確認するために以下の図書などが必要となる
　①耐久性関係規定に適合することを確認するための図書（構造図）
　②釣り合いよい耐力壁を示す図書（木造の場合）
　③既存部分の耐震診断書（新耐震基準で設計されたことがわかるものも含む）
　④告示（平成17年／566号3号）への適合を示す計算書など（地震力以外の規定）

東日本大震災を契機にエレベーターやエスカレーター、特定天井の脱落防止措置が強化された

格調書」を提出する必要がある。これは既存不適格建築物の緩和を受けるときに添付すべき書類として建築基準法施行細則のなかで定められている。建築基準法施行規則では「既存不適格調書」は、「既存建築物の基準時及びその状況に関する事項」を明示すべきこととされているが、具体的には、**図表26**に掲げる図書および書類によることが、国交省による技術的助言のなかで示されている。

また、既存部分に制限の緩和を受ける場合には、一定の条件内での「増改築等」であることを確認するための図書などが必要となる。たとえば、基準時の床面積の2分の1以内の増築で構造規定の制限の緩和の適用とする場合、既存部分の政令第137条の2第三号の規定に適合することを確認するために、**図表27**に掲げる図書などが必要となる。このうち④は、風圧や積雪などを確認する計算書を指す。

用語解説

移転
同一敷地内の移転をいい、建築物を1の敷地から他の敷地へ移す場合は、新しい敷地について新築または増築として扱われる。

改築
建築物の全部または一部を除却し、またはこれらの部分が災害などによって滅失した後、引き続いて、これと用途、規模および構造の著しく異ならないものを造ることをいい、増築、大規模の修繕などに該当しないものをいう。

完了検査
建築基準法において、建築物の法令の遵守の確保を図るために義務づけられている建築工事完了後の検査。

既存不適格建築物
建築基準法の規定の施行または適用の際、現に存しているかあるいは現に工事中である建築物またはその敷地が、新たに施行または適用になった規定に全面的に適合していないか、あるいは一部適合していない場合には、その適合していない規定に限り適用を除外することとしている。このような建築物を「既存不適格建築物」という。

建築
建築物を新築し、増築し、改築し、または移転することをいう。

建築確認
建築基準法において、建築物の法令の遵守の確保を図るために、建築工事の着工前に建築主事がその内容についてチェックする制度。建築主は建築物を建築しようとする場合には、工事着手前にその計画が建築関係法令の規定に適合するものであることについて、建築主事の確認を受けなければならない。

建築主事
建築基準法令への適合を確保するために行なわれる、建築確認、完了検査などを行なう者をいい、都道府県または市町村に置かれる。

指定確認検査機関
建築基準法に基づく「建築確認」「完了検査」などを行なうことができる、国土交通大臣または都道府県知事が指定した機関。

新築
建築物の存しない土地の部分(更地)に建築物を造ることなど増築、改築および移転のいずれにも該当しないものをいう。

増築
1の敷地内にある既存の建築物の延べ面積を増加させること(床面積を追加すること)をいう。

遡及適用
建築基準法第3条第2項に基づき、いわゆる「既存不適格建築物」となり、一部の規定が適用されていない既存建築物について増改築等を行な

う際に、法第3条第3項に基づき、既存不適格建築物としての特例が適用されなくなり、増改築時の基準が適用されること。

大規模修繕

建築物の主要構造部の1種以上について行なう過半の修繕をいう。この場合、「柱」「壁」など1棟の建築物全体の主要構造部の種類区分ごとに過半か否かの判断を行なう。なお「修繕」とは、既存の建築物の部分に対して、おおむね同様の形状、寸法、材料により行なわれる工事をいう。

大規模模様替

建築物の主要構造部の1種以上について行なう過半の模様替をいう。この場合、「柱」「壁」など1棟の建築物全体の主要構造部の種類区分ごとに過半か否かの判断を行なう。なお「模様替」とは、おおむね同様の形状、寸法によるが、材料、構造種別などは異なるような既存の建築物の部分に対する工事をいう。たとえば、木造の柱を鉄骨造の柱とし、土塗りの壁をコンクリートブロック造の壁とするなどの工事は模様替に該当する。

特殊建築物

建築物のうち、不特定または多数の者の用に供するもの、火災発生のおそれが大きいもの、周囲に及ぼす公害などの影響が大きいなどの特性を有するものをいい、具体的には学校、劇場などをいう。

特定行政庁

独立の行政機関の性格を有している建築主事を置く地方公共団体の長をいう。建築基準法第4条第1項により建築主事の設置義務が課されている人口25万人以上の政令指定市（義務設置市）および同条第2項により建築主事を置く市町村（任意・協議設置市町村）の区域では、それぞれの市町村長であり、その他の区域については関係の都道府県知事である。

ただし、建築基準法第97条の2により限定的な権限を有する建築主事を置く市町村（その長は、限定特定行政庁と呼ばれる）および第97条の3による特別区の区域では、建築主事の限定的権限に関しては、特定行政庁は市町村長および特別区長であり、その他の権限に関しては関係の都道府県知事が特定行政庁である。

綜合ユニコム 新刊資料集のご案内

インバウンドから支持され、増加する「ホステル」、「ゲストハウス」、「カプセルホテル」！
遊休スペースでの展開で不動産ビジネスとしても注目される有望簡易宿所事業の法制度から
事業化のポイント、収支計画、運営実務までを詳解！短期間での投資回収が可能！

ホステル＆カプセルホテルの開発・マーケティング計画と運営実務資料集

好評発売中!!

A4判／縦型／114頁
2016年1月7日発刊
定価 **65,000円**＋税

【執筆者】

第1章Ⅰ	寺田 八十一	ジョーンズ ラング ラサール㈱ ホテルズ＆ホスピタリティ事業部 エグゼクティブ ヴァイス プレジデント
第1章Ⅱ	三平 聡史	弁護士法人みずほ中央法律事務所 代表弁護士
第2章	細井 保裕	ニッチリッチ㈱ 代表取締役
第3章	小原 剛	安達事業グループ 本社営業部 部長

本書の特徴

❶ 簡易宿所事業を行なう際の制度・法律を弁護士が解説！
❷ 独特の経営手法をもつ注目業態「ホステル」、顧客層が変化、進化している「カプセルホテル」。両事業の開発・事業収支計画とマーケティング・運営ノウハウを実務家が詳解！
❸ 「ホステル」、「カプセルホテル」の注目事例を取り上げ、その実態から成功のポイントを探る！

→ 「ホステル」、「カプセルホテル」の開発・経営ノウハウを詳解いたします！

編集内容

カラー口絵 注目のホステル＆カプセルホテル

第1章 ホステル・カプセルホテルの現状と定義
Ⅰ．ホステル・カプセルホテル市場の可能性
Ⅱ．簡易宿所の定義と制度・法律
　1．宿泊に関する規制全体
　2．「旅館業」共通の制度 ①参入規制＝許可制
　3．簡易宿所の定義　　4．簡易宿所営業の許可基準
　5．「旅館業」共通の制度 ②行為規制
　6．簡易宿所営業許可基準の緩和措置

第2章 ホステルの開発・運営計画
1．ホステルの現状
　1．ホステルの現状と今後　2．世界のホステル動向
2．開発基本要件・事業化のポイント
　1．適正立地　2．適正建物　3．施設規模
　4．施設概要（必要な設備）　5．人員配置　6．料金設定
3．マーケティング上のポイント
　1．コンセプトの立て方　2．ターゲットの設定
　3．利用の傾向　4．ホステルの競合施設
　5．ターゲット別アプローチの手法
4．運営実務のポイント
　1．差別化策～施設展開における差別化
　2．人材確保・教育
　3．販売手法～宿泊予約サイトの活用策
　4．事業リスクの考え方
5．ホステルの事業収支計画

第3章 カプセルホテルの開発・運営計画
1．開発基本要件・事業化のポイント
　1．立地について　2．適正規模について　3．料金設定
　4．施設概要（必要な設備／複合アイテム）
　5．人員配置・運営体制
2．マーケティング戦略の立て方
　1．競合施設の把握
　2．自社施設の「訴求ポイント」を絞り込む
　3．顧客ニーズの把握と販促戦略の立て方
　4．目標達成のための取り組み　5．人材管理・教育
3．カプセルホテルの事業収支計画

第4章 先進事例研究
［ホステル］
　ピースホステル京都／ピースホステル三条（京都府京都市）
　ドロップイン大阪（大阪府大阪市）
　IMANO TOKYO HOSTEL（東京都新宿区）
［カプセルホテル］
　グリーンプラザ新宿（東京都新宿区）
　ファーストキャビン築地（東京都中央区）

詳細な編集内容・お申込みはホームページへ
http://www.sogo-unicom.co.jp

お問い合わせ：綜合ユニコム株式会社［販売管理部］
tel 03-3563-0025　fax 03-3564-2560

既存不適格建築物の
［再生＆コンバージョン］実務資料集

［発行］
2016年5月31日

［定価］
本体 65,000 円（税別）

［発行人］
河崎清志

［編集人］
梁瀬裕司

［編集スタッフ］
木村隆雄／市森真理／山下武士

［校正］
池田正樹

［発行所］
綜合ユニコム株式会社
〒104-0031　東京都中央区京橋2-10-2　ぬ利彦ビル南館
Tel 03(3563)0025［代表］　Fax 03(3564)2560
http://www.sogo-unicom.co.jp/

［制作・印刷］
情報印刷株式会社

落丁・乱丁本は送料小社負担でお取り替え致します。
本書掲載記事・図表などの無断転載を禁じます。
©綜合ユニコム 2016
ISBN978－4－88150－641－7 C3030

【監修者】

■第1編

ビューローベリタスジャパン㈱ 建築認証事業本部
技術監査部 建築評価部 テクニカル オーディター

鹿野 康晴
（かの やすはる）

■第2編・第3編

ビューローベリタスジャパン㈱ 建築認証事業本部
建築確認審査部 関東東統括審査部長

佐久間 周一
（さくま しゅういち）

●ビューローベリタスジャパン㈱ 会社概要

　ビューローベリタスは、1828年にフランス船級協会として発足し、現在約6万6,000人の従業員が、140か国で業務を展開する世界最大級の第三者民間試験・検査・認証機関である。「リスクの特定、予防、マネジメント、低減に貢献する」というミッションのもと、資産・プロジェクト・製品・システムの適合性確認を通じて、品質、健康・安全、環境保護および社会的責任分野の課題に取り組む顧客を支援。リスクの低減、パフォーマンス向上、持続可能な発展の促進につなげる革新的なソリューションを提供してきた。

　日本国内における建築認証については2002年に業務を開始。現在、全国19の拠点から、確認検査、性能評価、住宅性能評価、試験業務、建築物省エネルギー性能表示制度（BELS）評価、建築士定期講習を中心に、構造計算適合性判定、適合証明、住宅瑕疵担保責任保険業務、土壌汚染調査のほか、技術監査、テクニカル・デューデリジェンス、建築基準法適合状況調査といったソリューション業務を展開している。

http://www.bvjc.com （建築認証事業本部）